慈　悲　論

新井　一光　著

山喜房佛書林

ま え が き

慈悲とは何か。それは，仏教においてどのように基礎付けられるものであるのか，あるいは，それはそもそも人間にとっていかなるものであるのか。このように問うことから慈悲の研究は始められた。

考察の出発点であり，中心となるのは，仏陀の最初説法の動機を伝える「聖求経」の経文，即ち，「比丘たちよ，その時，私は，梵天の懇請を知って，また，衆生に対して哀れみをもつものであることに縁って，仏眼によって世間を見た」という一節である。この一節は，仏教の慈悲の源泉を伝えると見なされるが，本書で述べられた私見はすべて，この一節への註として考えられ，表されたものである。

しかし，始めに明瞭に申し述べたいのは，本書の目的が，仏教の慈悲を賞讃し，宣揚しようとするものではないことである。即ち，一般に仏教は智慧と慈悲の宗教と言われることが多いが，このような通俗的な解釈がなされることに抗して，本書の考察は，仏教における慈悲を批判的に論じ，真実と虚偽を区別し，虚偽を削ぎ落とすことに努めたものである。従って，私の考察の意図は，慈悲批判と言うべきものである。本書を，『慈悲論』と題した理由である。

本書は，すでに発表した論文五篇に加筆補訂したものからなる。各章の内容を簡単に紹介しておきたい。

第１章「仏陀の最初説法と慈悲」は，主に原始仏典の解読を通じ，仏陀の最初説法は慈悲に基づかないことを論じたものである。この主張は，仏陀の最初説法の動機を慈悲に基づくとする従来の見解に対して，『四分律』『五分律』等の原始仏典に「慈悲に基づく」という動機が欠落していることを論拠としてなされたものである。

第２章「『法華経』と慈悲」は，『法華経』が慈悲と必ずしも親和的でないことを，主に「方便品」と「譬喩品」を中心として考察したものである。『法華経』において，仏陀の最初説法の伝承に基礎付けられたと見なされる記述において,「慈悲」に類する表現がないことを指摘し,さらに,『法華経』梵本における「慈悲」に類する表現が,必ずしも漢訳には対応訳が認められないことから,『法華経』と所謂慈悲の親和性に疑義を提示した。

第３章「『根本中頌』最終偈の解釈」は,中観派の祖とされるナーガールジュナの『根本中頌』最終偈で説かれる,仏陀が「憐愍を取り入れて」説法したという記述の意義を,原始仏典を始め,大乗経典,中観思想家の註釈を基に論じたものである。本章は始め平成 29 年度第１回インド論理学研究会において口頭発表されたものであるが,そこで明瞭に私自身の仏教と慈悲に関する批判的な考えを表した。

第４章「『量評釈』「量成就章」における悲に関する覚え書き」は,ダルマキールティの『量評釈』「量成就章」第 34 偈における悲が,チャールヴァーカに向けられた痛烈な批判の意義を担っていることを論じたものである。また,この偈に関するチベット仏教徒の註釈を提示し問題点を指摘した。

第５章「中観派の慈悲観」は,『根本中頌』最終偈に関するインド及びチベット仏教の註釈を解読したものである。すでに第３章において『根本中頌』最終偈に関するインド仏教の註釈は考察したが,それらの註釈,あるいはその課題がチベット仏教の註釈者においてどのように論じられているか考察したものである。

本書を著すまでに,私を導いて下さった方々に御礼を申し上げたい。

始めに,松本史朗先生に衷心より御礼を申し上げたい。学部生の時より終始変わらぬ暖かい御指導をいただき今日に至っている。私が仏教を研究し,学問への尊敬を持ち続けて来られたのは,偏に松本先生の御蔭にほかならない。

また現在,私が所属する曹洞宗総合研究センター前所長の大谷哲夫先生,現所長の志部憲一先生には,暖かい御指導をいただいている。心より御礼申し上げたい。わが宗の伝統ある宗学研究所を前身の一つとする当センターに所属し研究に従事できることは，曹洞宗に属する私の誇りである。

センターではまた，石井修道先生に心から感謝申し上げたい。先生のゼミに参加し，御指導を受けることができたのは，幸運な恵まれたことである。ゼミでは，宗学研究部門に所属する小早川浩大氏，石原成明氏，澤城邦生氏，角田隆真氏，秋津秀彰氏，永井賢隆氏からは，とりわけ中国禅宗，曹洞宗学の分野で大いに刺激を与えられた。学部，大学院在籍中に新たなテキストに向き合った時の新鮮な気持ちがこのゼミで蘇り，大きな励みとなった。感謝申し上げたい。

宗学研究所の諸先輩でもある駒澤大学の諸先生に心より感謝申し上げたい。当センターにて折りに触れてお目に掛かり，宗学や論文について，わずかな時間ながらも御指導いただくことができたのは，私にとって大きな喜びであった。このような優れた環境，設備を与えてくださった当センターに心から御礼申し上げたい。

本書所収の二論文は『インド論理学研究』誌に掲載されたものであるが，インド論理学研究会での発表と掲載の機会とともに，貴重な御指導をいただいた金沢篤先生に心より感謝申し上げたい。また，大学院より今日に至るまで，暖かく懇切なる御指導をいただいている四津谷孝道先生に心より感謝申し上げたい。さらに，私を仏教学へと導いて下さった千葉公慈先生に心より御礼申し上げたい。

友人たち一人一人に心から感謝の意を表したい。それぞれの専門を持つ彼ら研究者との詩と音楽の会話は，私にとって常に大きな喜びであった。彼らの友情に私はどれだけ支えられたかわからない。

また，この場をお借りし，横浜善光寺留学僧育英会第 21 回（平成 17 年度）育英生として私を採用された曹洞宗善光寺様（横浜市）に心より御礼申し上げたい。

本書の出版に関して，山喜房佛書林に快くお引き受けいただいたことに心から御礼申し上げたい。

ここに，今日まで御教示いただき，導いて下さったすべての方々の御名を記せないのは残念でならないが，そのすべての方々に心からの感謝を申し上げたい。

私が，慈悲を研究するようになったのは，2011 年 3 月 11 日の災害を契機としている。この災害は，地震と津波が起こったばかりではなかった。福島に原発事故をもたらし，私たちを襲ったのである。様々なことが起こり，語られたが，しかし，私は，ただ，私たちに苦を強いるこのようなあり方は正しくないと感じたのである。仏教徒である私は，自己の依って立つべき慈悲とは何かと考えざるを得なかった。これが，本書を著すに至る個人的，かつ根本的な動機である。

誤解を避けるために申し述べれば，私は，この災害を見て慈悲の情を起こして，本研究を始めたのではない。私がこの研究を始めたのは，この事故への怒りからである。瞋恚の対治が慈悲であると言われることは承知している。全く慈悲に反すると思っているが，このような正しくないと感じたことへの怒りまで収めねばならないであろうか。また，私は慈悲の情からこの災害を見ていたのではない。当時，共感や寄り添うというような表現を多く見聞きしたが，このような表現に私は違和感を持ち続けてきたのである。私はそこにいた一人だったからである。その意味でも，慈悲に反するものであろう。

学部生の時，松本先生の『仏教への道』を読み，その第 9 章「信仰と社会」に言及されたヴォルテールの『カンディード』の「たしかにそのとおりです。しかし，わたしたちはわたしたちの畑を耕さなければなりません (Mais, il faut cultiver notre jardin.)」（松本 1993，p. 252）という一節を学び，感銘を受けた。

私は，仏教を，本気で信じ，真剣に受け取って，行持を為したいと思っている。

今，世界中で COVID-19 が猛威を振るい，顔を痣だらけにして現場で仕事をする方々がいる。その状況がある中で，曹洞宗寺院で住職を勤めていて本書を著した。私のようなものが慈悲を語るということの烏滸がましさは，十分理解しているつもりである。しかしその上で敢えて述べれば，私は，そこに掲げられた聖なる真理の絵の下で，生死を表すというような仕事をなし得るだろうかと自問しているのである。

この災害を解決するために仕事をしている方々がいる。大海の大きな波に身を投じる思いをもって仕事をしている方々がいる。私は感謝の気持ちを記す術さえ知らない。

本書を，今福島で暮らしている子どもたち，また，かつてそこで暮らしていた彼ら彼女たちに捧げることをお許しいただきたい。

2021 年 3 月 4 日　　　　著　者

慈悲論――目　次

略号・使用テキスト

A テキスト類

AN *Aṅguttaranikāya*. [PTS]

APS Ariyaparyesanasutta: MN I: 160-175.

Aṣṭa *Aṣṭasāhasrikā Prajñāpāramitā*, Paraśurāma Lakshmaṇa Vaidya ed., Darbhanga, 1960.

K *Saddharmapuṇḍarīkasūtra*. Eds. Hendrik Kern, Bunyiu Nanjio. Bibliotheca Buddhica 10, St. Pétersburg, 1908-1912.

CB Bu ston (1290–1364). *bDe bar gshegs pa'i bstan pa'i gsal byed: Chos kyi 'byung gnas gsung rab rin che'i mdzod ces bya ba*. In *The Collected Works of Bu-ston* 24 (Ya). Ed. L. Chandra. New Delhi: International Academy of Indian Culture, 1971.

CPS *Catuṣpariṣatsūtra*. In *Das Catuṣpariṣatsūtra: eine kanonische Lehrschrift über die Begründung der buddhistischen Gemeinde: Text in Sanskrit und Tibetisch, verglichen mit dem Pāli nebst einer Übersetzung der chinesischen Entsprechung im Vinaya der Mūlasarvāstivādins,* auf Grund von Turfan-Handschriften herausgegeben und bearbeitet von E. Waldschmidt. Abhandlungen der Deutschen Akademie der Wissenschaften zu Berlin, Klasse für Sprachen, Literatur und Kunst, T.1, T.2, T.3, Akademie-Verlag, 1952–1962.

D デルゲ (sDe dge) 版チベット大蔵経。文献番号：宇井伯壽等編『西蔵大蔵経総目録』（仙台，1934 年）。

DN *Dīghanikāya*. [PTS]

bKa' gdams gsung 'bum 『カダム全集』bKa' gdams gsung 'bum phyogs bsgrigs, 百慈蔵文古籍研究室編, 成都: 四川民族出版社，2006–2011.

LV *Lalitavistara*. In *Lalita vistara: Leben und Lehre des Çâkya-Buddha, Textausgabe mit Varianten-, Metren- und Wörterverzeichnis*. Ed. S. Lefmann. Verlag der Buchhandlung des Waisenhauses, 1902–1908.

MAv Candrakīrti. *Madhyamakāvatāra*. P5262, D3861.

MMK Nāgārjuna. *Mūlamadhyamakakārikā*. *In*『中論頌：梵蔵漢合校・導読・訳注』. Ed. 叶少勇 (Ye Shaoyong), 中西書局, 2011.〔原文をワイリー方式に改めて提示した。〕

MN *Majjhimanikāya*. [PTS]

rNam dpyad snying po Shag ring ston pa. *dBu ma rtsa ba'i ṭikka rnam dpyad snying po*. In *bKa' gdams gsung 'bum* 28.

P 北京版西蔵大蔵経。文献番号：『北京版　西蔵大蔵経目録・索引』（鈴木学術財団，1962 年）。

PP Bhāviveka. *Prajñāpradīpamūlamadhyamakavṛtti* (*dbu ma rtsa ba'i 'grel pa shes rab sgron me*). P5253.

Pras Candrakīrti. *Prasannapadā*: In *Mūlamadyamakakārikās (Mādhyamikasūtras) de Nāgārjuna avec la Prasannāpadā Commentaire de Candrakīrti*. Ed. L. de La Vallée Poussin. (Bibliotheca Buddhica 4). St. Pétersbourg: Académie impériale des sciences, 1913.

PTS Pali Text Society. [ed.]

PV II, III, IV *Pramāṇavārttika* II, III, IV (Dharmakīrti): *The Pramāṇa-vārttikakārikā (Sanskrit and Tibetan)*. Ed. Y. Miyasaka, *Acta Indologica 2 (1971/72)*, 1-206. [PV II: *Pramāṇasiddhiḥ*, PV III: *Pratyakṣaparicchedaḥ*, PV IV: *Parārthānumānapari-cchedaḥ*]

PVG *rGyas pa'i bstan bcos tshad ma rnam 'grel gyi 'grel pa Grub mtha' sna tshogs kyi loṅs spyod kyis gtams pa'i rigs pa'i mdzod* ('U yug

	pa): sDe dge ed., Patshang Lama Sonam Gyaltsen, 2 Vols, Delhi 1982, Vol. 2.
$PV_{K'}$	*baTan bcos tshad ma rnam 'grel gyi rnam par bśad pa kun tu bzaṅ po'i 'od zer* (Go rams pa): *Sa skya pa'i bka' 'bum*, Vol. 11, Tokyo 1969.
PV_{Legs}	*Tshad ma rnam ḥgrel legs par bśad pa* (dGe ḥdun grub pa dpal bzaṅ po): Ed. dGaḥ ldan pho braṅ, Vol. Ca. *The Collected Works of the First Dalai Lama dGe ḥdun grub pa*, Vol. 5. Gangtok 1981.
PV_{Rigs}	*rGyas pa'i bstan bcos tshad ma rnam 'grel gyi rgya cher bśad pa Rigs pa'i rgya mtsho* (mKhas grub rje dGe legs dpal bzaṅ po), Zhol ed., 1897, Vols. Tha, Da (= Tohoku No. 5505).
PV_{Thar}	*Tshad ma rnam 'grel gyi tshig le'ur bya pa'i rnam bśad Thar pa daṅ thams cad mkhyen pa'i lam phyin ci ma log par gsal bar byed pa* (Dar ma rin chen): Zhol ed., 1987, Vol. Cha (= Tohoku No. 5450).
$PV_{Śākya}$	*rGyas pa'i bstan bcos tshad ma rnam 'grel gyi rnam bśad Kun bzaṅ chos kyi rol mtsho* (Śākya mchog ldan): *The Complete Works (Gsuṅ 'Bum) of gSer-mdog Paṇ-chen Śākya-mchog-ldan*, Bhutan 1975, Vol. 18.
PVP	*Pramāṇavārttikapañjikā* (Devendrabuddhi): P5717, D4217.
RG	Tsong kha pa blo bzang grags pa (1357–1419). *dBu ma rtsa ba'i tshig le'ur byas pa shes rab ces bya ba'i rnam bshad Rigs pa'i rgya mtsho*. bKra shis lhung po ed. In *The Collected Works of rJe Tsong kha pa Blo bzang grags pa* (ba), 1979.
Saṅghabh	*Saṅghabhedavastu*. In *The Gilgit manuscript of the Saṅghabhedavastu, being the 17th and last section of the Vinaya of the Mūlasarvāstivādin*. Ed. R. Gnoli. 2 vols. Roma: IsMEO Serie Orientale Roma, Vol. XLIX, 1977, 1978.

SN *Saṃyuttanikāya*. [PTS]

Srog gi 'khor lo bSod nams seng ge. *dBu ma rtsa ba'i bshad pa srog gi 'khor lo*. In *bKa' gdams gsung 'bum* 14. Ed. dPal brtsegs bod yig dpe rnyiṅ zhib 'jug khang, 2006.

T 大正新脩大蔵経〔T 巻数.文献番号のように記す。〕

'Thad pa rnam par nges pa Shes rab 'bum (13c.). *dBu ma rtsa ba'i bshad pa 'Thad pa rnam par nges pa*. In *bKa' gdams gsung 'bum* 19.

'Thad pa'i rgyan rMa bya Byang chub brtson 'grus (12c), *dBu ma rtsa ba shes rab kyi 'grel pa 'Thad pa'i rgyan*. Rumtek: Dharma Chakra Center, 1975.

'Thad pa'i snang ba Red mda' ba gzhon nu blo gro (1349–1412). *dBu ma rtsa ba'i 'grel pa 'Thad pa'i snang ba*. In *The Collected Works of Red-mda-wa Gzhon-nu Blo-gros*. Sa-skya rgyal yongs gsung rab slob gnyer khang (kha). Rajpur: 1999.

Vikr *The Vikramorvaśîyam: a Sanskrit play by Kâlidâsa*, edited with English notes, containing extracts from two commentaries by Shankar Pâṇḍurang Paṇḍit (Bombay Sanskrit series, no. 16), Government Central Book Depôt, 1879.

Vinaya *Vinayapiṭaka*. [PTS]

『正法華』 『正法華経』T 9.263.

『妙法華』 『妙法蓮華経』T 9.262.

『道行』 『道行般若経』T 8.224: cf. Karashima 2011.

道元全 大久保道舟校訂『道元禅師全集』上下巻，筑摩書房，1969–1970 年。

B 研究論文

Karashima, Seishi

2011 *A Critical Edition of Lokakṣema's Translation of the Aṣṭasāhasrikā Prajñāpāramitā* 道行般若經校注, Bibliotheca Philologica et Philosophica Buddhica Vol. XII, 創価大学国際仏教学高等研究所.

Maithrimurthi, Mudagamuwe

1999 *Wohlwollen, Mitleid, Freude und Gleichmut: eine ideengeschichtliche Untersuchung der vier apramāṇas in der buddhistischen Ethik und Spiritualität von den Anfängen bis hin zum frühen Yogācāra* (Alt- und neu-indische Studien, 50), Franz Steiner Verlag.

Schmithausen, Lambert

2000 "Gleichmut und Mitgefühl: Zu Spiritualität und Heilsziel des älteren Buddhismus." In: *Der Buddhismus als Anfrage an christliche Theologie und Philosophie*. (Studien zur Religionstheologie, Band. 5). Ed. Andreas Bsteh. Mödling: St. Gabriel, pp. 119–136.

2000a "Mitleid und Leerheit. Zu Spiritualität und Heilsziel des Mahāyāna." In: *Der Buddhismus als Anfrage an christliche Theologie und Philosophie*. (Studien zur Religionstheologie, Band. 5). Ed. Andreas Bsteh. Mödling: St. Gabriel, pp. 437–455.

2007 "Nichtselbst, Leerheit und altruistische Ethik im Bodhicaryāvatāra." In: Ed. Karin Preisendanz, *Expanding and Merging Horizons. Contributions to South Asian and Cross-Cultural Studies in Commemoration of Wilhelm Halbfass*. Wien: Österreichische Akademie der Wissenschaften, pp. 551–570.

Zimmermann, Michael

2002 *A Buddha Within: The Tathāgatagarbhasūtra, The Earliest Exposition of the Buddha-Nature Teaching in India*, Bibliotheca Philologica et Philosophica Buddhica 6, Tokyo: The International Research Institute for Advanced Buddhology.

新井一光

2013 「*Sākārasiddhiśāstra* における大悲」『インド論理学研究』6, pp. 169–172。

2016 『ジュニャーナシュリーミトラ研究』山喜房仏書林。

2017 「『根本中頌』27.30「最終偈」の解釈」『インド論理学研究』10，pp. 167–203.

2018 「仏陀の最初説法と慈悲」『印度学仏教学研究』67–1, pp. 487–482.

2018a 「量評釈』「量成就章」第 34 偈における悲 (karuṇā) に関する覚え書き」『インド論理学研究』11, pp. 33–40.

2020 「中観派の慈悲観」『日本西蔵学会々報』第 65 号，pp. 23–33。

齋藤直樹

2002 〔Schmithausen 2000 和訳〕「超然と同情: 初期仏教にみられる精神性と救済（利）の目的」『哲学』（三田哲学会）108, pp. 67–99.

2003 〔Schmithausen 2000a 和訳〕「憐憫と空性: 大乗における精神性と救済（利）の終極」『哲学』（三田哲学会）109, pp. 71–100.

2009 〔Schmithausen 2007 和訳〕「『入菩提行論』に於ける無我、空性、そして利他の倫理」『東洋の思想と宗教』26, pp. 34–36.

阪本（後藤）純子
1992 「『梵天勧請』の原型」『印度学仏教学研究』41–1, pp. 469-474.
桜部建
1972 「karuṇā, mahākaruṇā, 大悲」『佐藤博士古稀記念仏教思想論集』山喜房仏書林，pp. 123–129.
高崎直道
1988 「仏教思想論」『岩波講座東洋思想第９巻　インド仏教２』岩波書店，pp. 89–129）
1992 「慈悲の淵源」『成田山仏教研究所紀要　特別号仏教文化史論集Ⅰ』15, pp. 161–188.
千葉公慈
2000 「唯識説における倫理根拠の一考察——mahātma-dṛṣṭi の周辺——」『駒沢女子短期大学研究紀要』33, pp. 69–78.
2009 「無我論と倫理をめぐる一考察」『日本仏教学会年報』74, pp. 103–116.
中村元
2010 『慈悲』講談社。（初版　平楽寺書店，1956 年）
袴谷憲昭
2013 『仏教文献研究』大蔵出版。
松本史朗
1993 『仏教への道』東京書籍。
2004 『仏教思想論　上』大蔵出版。
2010 『法華経思想論』大蔵出版。

第1章　仏陀の最初説法と慈悲

私は，仏陀の最初説法は慈悲に基づかないと考えている。以下，その理由を提示しよう。

第1節　最初説法の動機

仏陀の所謂慈悲の出発点と見なされるものとして，この慈悲という概念が認められるのは，梵天勧請の伝説において最初説法を伝える一節においてである，と教えられている。仏陀の最初説法が慈悲に基づくとする我が国の学者の主張として，中村元博士のご見解を引用しよう。

> 釈尊が成道後に，梵天のすすめに応じて世の人々のために法を説かれたのは慈悲にもとづくのである[1]。〔下線＝新井〕

中村博士はここで明瞭に梵天勧請の後に慈悲に基づいて釈尊が法を説いたことを主張しておられる。

また，高崎直道博士は，釈尊が悟りに至るまで，その心中に他者への思い，他者の利益を顧慮することが全く無いこと，また最初説法において説いた教えの中に慈悲や利他がないことを指摘するが，最初説法の動機に関しては，次のように，「有情に対する悲愍によって」であることを認めておられる。

> 経典はそこに梵天の要請があって，釈尊がようやく，己れの悟ったこと（法）を人に説く決意をしたといい，それを「有情に対する悲愍によって」(sattākāruññatayā)」とだけ記している[2]。〔下線＝新井〕

---

[1] 中村 2010, p.45 参照。なお，梵天勧請の伝説の典拠に関して，阪本 1992, p.67 参照。
[2] 高崎 1992, p. 163参照。

中村博士，高崎博士とも，最初説法の起点を示す動機を「慈悲」，もしくは「悲愍」であると見なしておられるが，両博士ともその典拠としているのはパーリ中部「聖求経」(Ariyapariyesanasutta) の次の一節である。パーリ原文と私の訳によって示せば次の通りである。

> MN I 169,5–7: atha khvāhaṃ bhikkhave brahmuno ca ajjhesanaṃ viditvā sattesu ca kāruññataṃ paṭicca buddhacakkhunā lokaṃ volokesim[3].
> 比丘たちよ，その時，私は，梵天の懇請を知って (ajjhesanaṃ viditvā)，また (ca ... ca)，衆生に対して哀れみをもつものであることに縁って (sattesu ... kāruññataṃ paṭicca)，仏眼 (buddhacakkhu) によって世間を見た。

ここでは，仏陀が「仏眼によって世間を見た」動機として，「梵天の懇請を知って」と「哀れみをもつものであることに縁って」の二つが，並記されている。

なお，「慈悲」という語は，四無量，もしくは四梵住の前二支の「慈」と「悲」からなるもので，それぞれ「与楽」「抜苦」と定義され，禅定に関わる概念であるのに対して，“kāruññatā” とは，特に仏のみに関して用いられる語であり[4]，厳密に区別されるべきである。従って，中村博士が「聖求経」の “kāruññatā” を「慈悲」と解釈することは誤りである。また，微細な点であるが，高崎博士が「聖求経」の “kāruññatā” を含む句を “sattākāruññatayā” という複合語によって示すのはこのパーリテキストに典拠があるものではない。

---

[3] ≈ SN I 138, 1–3; DN II 38, 18–20; Vin I 6, 23–25.
[4] 桜部 1972, p. 127 参照。

第2節　慈悲の動機の欠如

さて，このように「慈悲」は，「聖求経」を典拠として近代の学者によって最初説法の動機と教えられるが，しかし，『四分律』及び『五分律』による限り，梵天勧請の伝説において仏陀の最初説法の動機付けを示す場面では，仏陀自身に結び付けられて使用されていないのである[5]。まず，『四分律』（仏陀耶舎，竺仏念訳，410–412年）の当該個所の記述を示そう。

> 爾時梵天，復白仏言，世間大敗壊，今如来獲此正法，云何黙然不説，令世間不聞耶。唯願世尊，時演正法流布於世，世間亦有垢薄聰明衆生易度者。能滅不善法成就善法。爾時梵天，説此語已，復説偈言，摩竭雑垢穢　而仏従中生　願開甘露門　為衆生説法。爾時世尊，受梵天勧請已，即以仏眼観察世間衆生。（T 22: 787a12–21）

この『四分律』の記述には，下線部のように「梵天の懇請」の動機だけが認められ，所謂「慈悲」の動機は，驚くべきことに，全く見出されないのである。即ち，『四分律』を伝承する法蔵部の仏教徒は仏陀の最初説法の動機を説くに際し，所謂慈悲の動機を認めなかった，もしくはこの語の使用を意識的に避けたと見ることができるであろう。

また，同様のことは『五分律』（仏駄什，慧厳，竺道生訳，423–424年）においても認められると思われる。その当該個所の記述を示せば次の通りである。

> 白仏言，惟願世尊，哀愍衆生時為説法。自有衆生能受仏教。若不聞者便当退落。如是三返，復以此義説偈請仏，先此摩竭界　常説雑穢法

---

[5]『四分律』において kāruññatā に相当する漢訳語句によって表される動機が見出されないことは，Schmithausen 2000, p. 120（＝齋藤訳 2002, p. 73）において指摘されている。

願開甘露門　為演純浄義。自我在梵宮　皆見古仏説　惟願今普眼　亦敷法堂教。衆生没憂悩　不離生老死　然多楽善者　願説戦勝法。爾時世尊黙然受之。即以仏眼普観世間。（T 22: 103c24–104a4）

この『五分律』の引用個所冒頭には「哀愍」という記述が認められる。しかし，ここで何より重要なのは，この「哀愍」が，「梵天の懇請」の中で，他ならぬ梵天自身の言葉として出ている点である。つまり，ここで，この「哀愍」は仏陀に直接的な連関をもつものとしては説かれていないことは明らかである。この懇請の後，「黙然して之を受けたまえり」と説かれてから，ただ「仏眼をもって普く世間を観じた」と説明されているのであるが，その際，上に掲げた「聖求経」（及び並行パーリ文献）には明示されていた二つの動機，即ち，「梵天の懇請を知って」及び「衆生に対する哀れみをもつものであることに縁って」は示されていない。つまり『五分律』でも，仏陀が世間を観じた動機は，「梵天の懇請」だけであったと考えられる[6]。

---

[6] 上掲「聖求経」及び並行パーリ文献（前註 3）の引用個所に対応する漢訳を挙げれば次の通りである。

『長阿含経』〔仏陀耶舎，竺仏念訳，412–413 年〕「時梵天王復重勧請，慇懃懇惻至于再三。世尊，若不説法，今此世間便為壊敗。甚可哀愍。唯願世尊，以時敷演，勿使衆生墜落余趣。爾時世尊三聞梵王慇懃勧請，即以仏眼観視世界。……爾時世尊告梵王曰，吾愍汝等，今当開演甘露法門。是法深妙，難可解知。今為信受楽聴者説。不為觸擾無益者説。」（T 1: 8c9–20）

『増一阿含経』「爾時世尊，知梵天心中所念，又慈愍一切衆生故。」（T 2: 593b15–16）

『過去現在因果経』〔求那跋陀羅訳，444–453 年頃〕「時梵天王等，乃至三請，爾時如来，至満七日，黙然受之。梵天王等，知仏受請，頭面礼足，各還所住。爾時世尊受梵王等請已，又於七日，而以仏眼，観諸衆生。上中下根，及諸煩悩，亦下中上，満二七日。」（T 3: 643a13–22）

『仏本行集経』〔闍那崛多訳，587–591 (592) 年〕「爾時世尊，聞梵天王勧請偈已，為衆生故，起慈悲心，以仏眼観一切諸世。」（T 3: 806c11–12）

これらの四つの漢訳において，『長阿含経』には「甚可哀愍」「吾愍汝等」の記述はあるが，しかし重要なのは，前者は梵天の言葉であり，後者は「開演甘露法門」の導入部を示しており，仏眼によって世間を見た動機ではない点で，パーリテキス

第3節　梵天の懇請と慈悲

しかるに，以上の事実に基づいて，仏陀の最初説法は慈悲に基づかないと見なし得るであろうか。もしも，それが可能であれば，仏陀の慈悲の特性の起点を示すものとして，仏陀の最初説法の動機は，慈悲という語によっては，表現され得ないということになるのではないだろうか。

これに対して，上に見たパーリ文献の並行個所には “kāruññatā” という語が使用されている。つまり，『四分律』及び『五分律』という二つの漢訳テキストにおける「慈悲」という語（あるいは “kāruññatā” に相当する漢訳）の欠如という事実は，仏陀の最初説法における慈悲の動機は，後代において，付加されたものとして成立したことを示しているのではないかと思われる。

さらに，仏陀の最初説法における慈悲の動機は，後代において，付加されたものとして成立したと見る理由は，パーリ文献並行個所における “kāruññatā” という語を含む記述，“brahmuno ca ajjhesanaṃ viditvā sattesu ca kāruññataṃ paṭicca” は，“viditvā” と “paṭicca” という二つの gerund と接続詞 “ca ... ca” が併用される形で表現されているが，“brahmuno ca ajjhesanaṃ viditvā” と “sattesu ca kāruññataṃ paṭicca” という二つの動機が，接続詞 “ca ... ca” によって同等な，つまり同じレヴェルにあるもの，あるいは同時的であると見なすことはできないのではないかと考えるからである。

即ち，この二つの動機の中，「哀れみをもつものであることに縁って」という表現は，「梵天の懇請」の後でしか意味をなさないから，慈悲というような他者への同情や憐憫が，「梵天の懇請」の認識と同等に扱われる

トと厳密には異なっていることである。『増一阿含経』は，「知梵天心中所念」と「慈愍一切衆生」を一応並記するが，後に述べるように「仏眼」という重要な語が出ていないことが気に掛かる。また，『過去現在因果経』には「梵王等請」と「仏眼」が出ているが，ここに，kāruññatā 相当漢訳は見出せない。『仏本行集経』には「梵天王勧請」「起慈悲心」「仏眼」という三つの要因が揃うが漢訳年代が六世紀後半という他の三文献より遅い時期である点が気に掛かる。

ことは，最初説法の動機を理解する時，テキスト読解の面だけなく，思想的理解の面でも誤りではないかと思われる。つまり，私は，娑婆世界の主である梵天 (Brahmā Sahampati) によって「世界が滅する」ということが明晰な言語にされて発せられたことを釈尊が知ったということそれ自体に深い宗教性が認められる，と考えている。決して，哀れみや慈悲というような曖昧な情緒にそれが認められるのではない。つまり，ここでは「世界が滅する」という世界の事実の認識が問題になっているのである。しかし，哀れみや慈悲といった情緒は，この「世界が滅する」という事実の認識を破壊するような魔術性をもった何かにすぎない。このような情緒が，この冷徹な事実を記述している言語を超えて扱われて，仏陀が世間を見た動機となっているとは，私にはどうしても考えられないのである。

また，最初説法の動機を伝える記述において，「梵天の懇請」と「仏眼」という二つの要因は殆ど全てのテキストに見出されるが，すでに見た通り，「慈悲」の要因は，『四分律』のように全く欠如している場合や『五分律』のように仏陀に直接結び付けられていない場合が認められるのである。この「梵天の懇請」と「仏眼」という二つと「慈悲」の対比は鮮明である。つまり，私の考えでは，最初説法の動機を伝える記述において「慈悲」は仏教史において一貫してその重要性を認められているものではない[7]。例えば，パーリ文献に “kāruññatā” の動機が出ているといっても，そのパーリ文献を著すことができ，あるいはまたそれを理解できる，一握りの仏教者だけが仏教の歴史を作り記述した訳ではあるまい。仏教を問い，仏陀の最初説法の真実の動機として「梵天の懇請」を伝え「慈悲」を認めない仏教者は当然いた。『四分律』と『五分律』の記述がそれを鮮明に示していることは，すでに見た通りである。

しかるに，もし，パーリ文献の作者の意図を探るならば，私は，ここに “ca ... sattesu ca kāruññataṃ paṭicca” という句を付加した仏教者は，“brahmuno ... ajjhesanaṃ viditvā” によって表現される最初説法の動機に対し

[7] 前註3及び前註6参照。

て批判的であり，“brahmuno ... ajjhesanaṃ viditvā” が担う意義に対して否定的な見解を持っていたのではないか，と考えるのである。

第 4 節　仏教史における展開

仏陀の最初説法の動機としての慈悲は，後代においても問題とされていると思われる。その展開に言及しておきたい。

根本有部は，仏眼によって世間を見た直接的な動機を「正に自ら」と説いて仏陀自身の内的なものとし，慈悲をその動機と見なしていない。

> Saṅghabh 129,28–130,1: atha bhagavata etad abhavat: yac cāham svayam eva buddhacakṣuṣā lokaṃ vyavalokayeyem iti.
> 『根本説一切有部毘奈耶破僧事』「爾時世尊，聞是請已，便作是念，我以仏眼観彼衆生性差別不。」(T 24.1450: 126c17–18)[8]
> その時，世尊にこのような思いが生じた。「私は，正に自ら (svayam eva) 仏眼によって世間を見るであろう。」

この Saṅghabh の記述は，梵天の懇請を “kāruññatā” と同等の動機と見なすあり方に対する批判となっていると考えられる。しかし，「正に自ら」という記述が他の並行文献に出ているわけではないから，「正に自ら」という最初説法の動機は根本有部独自の考え方と思われる。

次に『法華経』の記述を検討しよう。

> K 38,8–11: atha khalu bhagavāṃs traitīyakam apy āyuṣmataḥ śāriputrasyādhyeṣaṇāṃ viditvāyuṣmantaṃ śāriputram etad avocat.

---

8 対応に関して，阪本 1992, p. 67 参照。並行記述は次の通りである。CPS 116: atha bhagavata etad abhavad yannv aham svayam eva buddhacakṣuṣā lokaṃ vyavalokayeyaṃ.『仏説衆許摩訶帝経』「爾時世尊，受於梵王慇勤勧請已，黙而許之。遂以仏眼，審諦観察世間衆生。」(T 3: 953a14-15)

その時，世尊は，三たび，尊者シャーリプトラの懇請を知って，尊者シャーリプトラにこのように語った。

この『法華経』梵本には，上掲「聖求経」の “ajjhesanaṃ viditvā” に相当する “adhyeṣaṇāṃ viditvā” とその相当漢訳，即ち，『正法華経』「于時世尊見舎利弗三反勧助。而告之曰。」（T 9: 69b16–18），『妙法蓮華経』「爾時世尊告舎利弗，汝已慇懃三請。豈得不説。」（T 9: 7a5–6）はあるが，問題の “sattesu ... kāruññataṃ paṭicca” に対応する記述は見出せないのである。『法華経』を著した仏教者も，梵天勧請の伝説における仏陀の最初説法の起点をなす動機として慈悲の特性に問題を認識し重視しなかったと考えられる。

最後に，『根本中頌』27.30において，「憐愍を取り入れて (anukampām upādāya)，正法を説いた」と述べられるのは，ナーガールジュナは，仏陀の最初説法の起点をなす動機として「梵天の懇請」を重視せず，もしくは承認せず，このような慈悲の特性を取り入れて仏陀に与えたことを示すと思われる[9]。

第５節　結論

『四分律』及び『五分律』において，最初説法の動機を表す “kāruññatā” に相当する漢訳語句が欠如していること，及び釈尊自身の成道に至るまでの事跡と思想の評価に基づいて，現行パーリ文献における “ca ...... sattesu ca kāruññataṃ paṭicca” の記述は後代に付加されたと考えられる。これは，慈悲の動機は釈尊自身に直接遡り得ないことを示す。それ故，仏陀の最初説法は慈悲に基づかない。

---

[9]『般若経』や中観派の慈悲の展開に関して，本書第 3 章「『根本中頌』最終偈の解釈」を参照されたい。

第2章　『法華経』と慈悲

本章は，『法華経』と慈悲の関係を考察し，それらの両者の親和性だけではなく，対立的関係をも明らかにすることを目的としている。以下の考察では，主に「方便品」と「譬喩品」の所説を取り上げたい。

第1節　問題の設定

仏教の中心的な徳は慈悲であると言われる。周知のとおり，慈悲はインドの原語からすれば「慈」と「悲」に区別されるが，文献において「四無量」（もしくは「四梵住」）と呼ばれる瞑想による修習の実践徳目を形成し，その後の仏教史の展開において，特に「悲」について言えば「大悲」が説かれ，実践の面における心情もしくは一つの思想を形成したと考えられてきていると思われる。

慈悲の意義について中村元博士は次のように述べておられる。

> 最初期の仏教において，人間の宗教的実践の基本的原理として特に強調したことは，慈悲であった[1]。

中村博士はこの記述に続けて *Suttanipāta*「慈品」（149–151）を引用しておられるが[2]，このような見解は後代展開して「四無量」（もしくは「四梵住」）が説かれるようになった。

---

1 中村 2010，p. 42。

2 *Suttanipāta*, Mettāsutta 149–151:「あたかも，母が己が独り子をば，身命を賭しても守護するがごとく，そのごとく一切の生けるものに対しても，無量の（慈しみの）こころを起すべし。(149) また全世界に対して無量の慈しみの意を起すべし。上に下にまた横に，障礙なき怨恨なき敵意なき（慈しみを行うべし)。(150) 立ちつつも歩みつつも坐しつつも臥しつつも，睡眠をはなれたる限りは，この（慈しみの）心づかいを確立せしむべし。この（仏教の）中にては，この状態を（慈しみの）崇高な境地と呼ぶ。(151)」(中村 2010，pp. 42–43。)

仏教が慈悲を強調することは，例えばやや後代の文献である『大智度論』においても，

慈悲是仏道之根本[3]。

と述べられていることからも知られる。これらの記述は，慈悲の実践面に力点が置かれているように見える。

それに対して，懐奘編『正法眼蔵随聞記　巻三』では，道元禅師（1200–1253）が次のように説いたことが伝えられている。

如来慈悲深重ナルコト，喩ヘヲ以テ推量スルニ，彼ノ所為行履，皆是為衆生也。一微塵許無不為衆生利益[4]。

即ち，ここではこれまでの記述とは対照的に，仏陀の徳性として慈悲を強調することに言明の力点が置かれているように思われる。仏陀の徳性としては，仏陀に固有の十八の特質（十八不共法）の一つとして，十力，四無畏，三念住とともに大悲が挙げられていることは周知の通りであるが，この『正法眼蔵随聞記』における記述も十八不共法の「大悲」に連なるものであろう[5]。

しかし，何よりも，仏陀と慈悲の連関を示すのは，道元禅師の「弁道話」

---

3 『大智度論』T 25.1509，p. 256c16。なお，中国文献における智慧と慈悲を扱った論文に，奥野光賢「吉蔵における「慈悲」と「智慧」」『多田孝文名誉教授古稀記念論文集　東洋の慈悲と智慧』（山喜房仏書林，2013 年）がある。

4 道元全，下，p. 462。

5 「喩ヘヲ以テ推量スルニ」は，慶安 4 年（1651）刊本，及び明和 7 年（1770）刊本では「喩ヘヲ以テ量リ難シ」とされている。これらの二つの刊本の底本は確定されないが，この二つの刊本に認められる異読は，道元全が採用した写本（大安寺本，長円寺本）の読みに対して，「慈悲」という徳性を如来の属性として固定化し，強調するために改変されたものであろう。このような微細な個所にも如来の神格化が図られた形跡が認められると思われる。

の一節であろう。

> おほよそ，仏祖あはれみのあまり，廣大の慈門をひらきおけり。これ一切衆生を証入せしめんがためなり。人天たれかいらざらんものや[6]。

即ち，「仏陀と祖師は，あわれみの故に，広大な慈門を開いた。一切衆生を悟りに入らせるためである。人と天の一体誰が入ろうとしないであろうか」と説くのであるが，この「弁道話」の一節の趣旨が，上に見た「人間の宗教的実践の基本原理」，あるいは「如来の属性」と異なっているように見えるのは，ここで言われる「あわれみ」が，一切衆生を証入させるために慈門を開いた「原因」ないし「動機」とされている点であろう。

このような連関をもつ慈悲の源泉は，次のようなパーリ聖典『中部』「聖求経」Ariyapariyesanasutta における「梵天勧請」の中の一節に求められるであろう。パーリ語原文と中村元博士の訳を引用しよう。

> atha khvāhaṃ bhikkhave brahmuno ca ajjhesanaṃ viditvā sattesu ca kāruññataṃ paṭicca buddhacakkhunā lokaṃ volokesim. (MN I 169,5–7)
> 〔中村訳〕そのとき世尊は梵天の意願を知り，また衆生に対するあわれみ (kāruññatā) により，仏の眼を以て世間を見わたした[7]。

中村博士は，この一節を引き合いに出すとき，次のように述べておられる。

> 釈尊が成道後に梵天のすすめに応じて世の人々のために法を説かれたのは，慈悲にもとづくのである[8]。〔下線＝新井〕

---

[6] 道元全，上，p. 741。この一節は，『修証義』第２章「懺悔滅罪」冒頭の一節としてよく知られ，朗唱されているものである。

[7] 中村 2010，pp. 45–46。

[8] 中村 2010，p. 45。

中村博士は，梵天勧請の後の説法を「慈悲にもとづく」と指摘しておられるが，釈尊が仏の眼を以て世間を見わたしたことの動機付けが「あわれみ」，つまり「慈悲」とされている。したがって，ここには「慈悲」と「仏の眼を以て世間を見わたしたこと」に緊密な連関が認められる。

周知のとおり，慈悲はインドの原語からすれば「慈」と「悲」に区別されるが，文献において「四無量」（もしくは「四梵住」）と呼ばれる瞑想による修習の実践徳目を形成し，その後の仏教史の展開において，特に「悲」について言えば「大悲」が説かれ，実践の面における心情もしくは一つ思想を形成したと考えられてきていると思われる。

ここで，今まで限定せずに用いてきた karuṇā の語の翻訳，定義等について簡潔に見ておこう。

まず訳語であるが，karuṇā は「悲」と漢訳仏典において訳され，maitrī「慈」と区別されているが，いずれのサンスクリット原語も「慈悲」という二文字で翻訳されることがあるようである。

なお，チベット語訳では，sñiṅ rje ，即ち，「心の強さ」と訳され，漢訳や以下の近代語の翻訳とは理解もしくは意味が異なっているように思われる。

その近代語では，独語では Mitleid もしくは Mitgefühl，仏語では compassion，英語でも同じく compassion と翻訳され，日本語では「あわれみ」「憐憫」「同情」「共感」と訳されるようである。Mitleid はギリシャ語の synpátheia の訳であり，ラテン語 co-＋passiō も synpátheia と同義と思われる。passion は「強い感情」，特に十字架上のイエスの苦しみを指すが，第一の意味は「難を受けた」，即ち，「苦しみ」であろう[9]。

しかるに，近代語を参考に逐語的に訳すならば，「共感」や「同情」というより，むしろ「共苦」や「同苦」と訳したいところであるが，近代の

---

[9] 山口益博士は，ラルースでは最初の意味として « souffrance » が挙げられていると指摘している。山口益『仏教思想入門』(理想社，1967 年)，pp. 151–152，註 (6) 参照。なお，慈悲の語義については，中村 2010，pp. 32–41 参照。

日本語にない語は訳語として用い難い。翻訳上の難点と言わねばならないが，より大きな問題として，karuṇā のような心情を表す語が近代日本語において考案されてこなかったことを指摘しなければならないであろう。あるいは，karuṇā 「悲」のような心情やそれを表す語が必要とされてこなかった歴史を考えなければならない。あるいはまた今日では「慈悲」がもはやいわゆる死語となっているような状況も考慮しなければならいであろう。

本論では，引用を除き，karuṇā には，漢訳に従い，訳語として「悲」を与えておく。

ただし，「あわれみ」や「憐憫」「同情」という日本語が，はたして karuṇā の意味を適切に表しているかさらに考察が必要である。

次に，Maithrimurthi が指摘している Buddhagosa の語源解釈的定義に基づく「悲」の三つの内容的な側面を次に引用しよう。

１　他者の苦しみをまのあたりにした（あるいは意識した）ときに生じる情動的な衝撃
２　他者の苦しみを断とう，あるいは軽減しようという衝動
３　瞑想において修養され，不幸な生きものにむけて発せられる精神的あるいは心情的な態度[10]

次に，『倶舎論』*Abhidharmakośabhāṣya* における定義を確認しておこう。

sukhitā vata sattvā iti manasikurvan maitrīṃ samāpadyate. duḥkhitā vata sattvā iti karuṇām[11].
有情らは実に楽しんでいる」という思いをなしつつ慈等至に入る。「有情は実に苦しんでいる，〔苦より脱せよかし〕」と〔いう思いをなし

---

[10] Maithrimurthi 1999, pp. 115–116. この三つの側面は，齋藤直樹「菩薩の実践の根拠としての慈悲」『東洋の思想と宗教』19，2002 年，p. 39 より引用した。
[11] *Abhidharmakośabhāṣyam of Vasubandhu*, ed. by P. Pradhan, Patna 1967: 453,3.

つつ〕悲〔等至に入る〕[12]。

第２節　慈悲への批判

しかし，仏教徒には歴史上，仏陀の智と慈悲の連関もしくは仏陀の徳としての慈悲の性質に疑いを持つ人々がいたことが伝えられている。木村泰賢博士は次のように述べておられる。

> 加之，仏教徒自身の中にも，稍々もすればその道徳的要素を軽視せんとする風が昔より行はれたもので，小乗教の一派中には，慈悲といふも已に煩悩の一種なりと解し，「仏陀には慈悲心なし」(Kathāvatthu XVIII, 3) と主張したものもあるが……[13]」〔下線＝新井〕

慈悲を煩悩の一種とみなすこの見解は，高崎博士が指摘しておられるように[14]，他者に対する心情が修行の邪魔になるという考え方と同様のものであろう。『論事』*Kathāvatthu* (KV) XVIII, 3 におけるこの議論を確認しておこう。パーリテキスト，『南伝大蔵経』58（佐藤密雄，佐藤良智訳），拙訳を順次示そう。

---

[12] 櫻部建，小谷信千代，本庄良文『倶舎論の原典研究　智品・定品』大蔵出版，2004年，p. 318。

[13] 木村泰賢『仏教学入門』大東出版社，1942年，p. 177。

なお，「慈悲」を「道徳的要素」の枠組みによって捉えている木村博士の見解には，問題があると思われる。「慈悲」とは正に仏教的要素と見なされるものであり，時代の傾向によって容易く変化してしまうような「道徳的要素」とは全く異なると考えられるからである。しかし，他方，仏教の「慈悲」とはそもそもそのような「道徳的要素」に過ぎないという見方もできるであろう。即ち，形式としての慈悲であり，中身はどのようにでも変化し，そこでは善は問われない。その際には，仏教史において慈悲のいわば社会的意義を考察する必要があるであろう。

[14] 本書，pp. 16–17以下を参照されたい。

Kathāvatthu XVIII, 3 (vol. II, PTS 1897): 561–562:

5. atthi buddhassa bhagavato karuṇā ti? āmantā. bhagavā sarāgo ti? na h'evaṃ vattabbe —pe— tena hi n'atthi buddhassa bhagavato karuṇā ti.

〔佐藤密雄，佐藤良智訳〕五（他）仏世尊に悲ありや。（自）然り。（他）世尊は有貪なりや。(自) 實に斯く言ふべからず…乃至…。(他) 其故に仏世尊に悲なし。（『南伝大蔵経』第58巻，pp. 341–342）〔下線＝新井〕

〔拙訳〕5 (対論者) 仏世尊に悲はあるのか。(著者) そうである。〔悲は存在する。〕(対論者) 世尊は貪を有するものであるのか。(著者) 実に，このように言ってはならない…乃至…。(対論者) それ故に，実に，仏世尊に悲はないのである。

『南伝大蔵経』に付された解説にも示されているとおり[15]，『論事』に註釈を著したブッダゴーサ Buddhagosa（仏音）は，彼の『論事註』*Kathāvatthuppakaraṇa-Aṭṭhakatā* においてこの対論者を Uttarāpathaka と呼ばれる北方の部派と看做しているが[16]，対論者は「悲 (karuṇā)」を阿含・ニカーヤ以来の極めて重要な煩悩法の一つである「貪 (rāga)」と判断した上で，世尊は「貪」をもたないが故に，仏世尊は「悲」をもたないという結論を導き出している[17]。「悲」に対する否定的評価が歴史的になされていたことを示す点で重要な記述であり，仏教と慈悲を思想史的に捉えようとす

15『南伝大蔵経』58では次のように説明される。「今，悲論と称するあり。此処に，所愛の事の破壊に依りて有貪者には貪に依りて像似悲の転ずるを見て，貪が即ち悲と名づけらる。其は世尊になし。故に仏世尊に悲なし」といふは，例えば北道派の邪執なり。」（p. 341）。

16 *Kathāvatthuppakaraṇa-Aṭṭhakatā,* (Minayeff ed), *Journal of the Pali Text Society*, 1889, pp. 173, ll. 8-10 参照。なお，その英訳 *The Debates Commentary*, tr. by Bimala Churn Law, PTS 1969, pp. 212 参照。

17 このKV の記述について，Schmithausen 2000, p. 135, n. 74＝齋藤 2002, p. 96参照。KV の煩悩論に関して，池田練太郎「南伝 Abhidharma 仏教の煩悩論——*Kathāvatthu* を中心として——」『印度学仏教学研究』31–2, 1983年, 及び「*Kathāvatthu* における煩悩論」『曹洞宗研究員研究生研究紀要』15, 1983年参照。

るとき，今日通念ともなっている仏教の慈悲の性格を批判的に見ざるを得ない一つの論拠を与えるものと思われる。

また, 近代の研究において, 高崎直道博士は次のように述べておられる。

……他の有情（衆生）に対する心情が，さとりに向っての修行にとって，むしろ邪魔になるという考え方が，修行者たる比丘たちの間に強くなったということがあったかも知れない。同時に，仏の慈悲については，これと反比例して強調されるようになったようで，『倶舎論』など，北伝系の仏教では仏の不共功徳を十八種挙げる中に，「大悲」を加えている。いわば，他者への憐れみ，いたわりは，すべてブッダに下駄をあづけた恰好である。

こうした傾向は，しかし，本来の仏教のあり方を逸脱しているとは言い切れない。むしろ，釈尊による成道と開教の状況にその由来するところがあるものと見うけられる。すなわち，直接に釈尊の体験を反映しているとみられるパーリ聖典『中部』のうちの『聖求経』によると，釈尊は「聖なるものの追求」のために家を捨て，世間との関係を断った。その聖なる目標とは「不死・安穏なる涅槃」を求めるもので，釈尊は生老病死ある身に患いを知って，患いのない無上の安穏なる涅槃を得，そのことを自覚した。ここに至るまでの釈尊の心中には他者への思い，他者の利益を顧慮することは全く姿を現していない。他者のことがその心中に浮んだのは，この涅槃を得たとの自覚の直後のことであった。それもはじめは否定的な形で，自分の知ったことは甚深で，執われ（アーラヤ）を好むかれら衆生たちにはわかるまい，とするものであった。経典はそこに梵天の要請があって，釈尊がようやく，己れの悟ったこと（法）を人に説く決意をしたといい，それを「有情に対する悲愍によって」(sattākāruññatayā)」とだけ記している。しかも，バーラナシー郊外の鹿野園における最初説法で，釈尊が五比丘に説いたことは，「いま教えるとおりに修行すれば，出家の目的たる無上な

> る梵行の完成を，現世にあって実現するであろう」といって，修行者各人による涅槃の自得を教えるものであった。そこには慈悲とか利他の教えはない。利他といえば，有情への慈愍に根ざす釈尊の説法を措いてほかにない。これが仏教の〈原型〉である[18]。〔下線＝新井〕

高崎博士のこの論述は，仏教において，他者に対する心情というような慈悲が自明のものとされていることに問題を認め，仏陀の智と慈悲の間にあると一般に見なされている緊密な連関を批判する極めて鋭い指摘であると思われる。

しかるに，ここで，「慈悲」が仏陀の徳性であるとされることは示唆的である。即ち，一方において，「慈悲」が仏陀の徳性とされるとき，それが結果的に単なる形式的な抽象性となることによって，実際の具体的な内容，ないし実践が問われないまま，人は単に「慈悲」と言うのみで，あたかも「慈悲」を自分のものとし，行使しているかような楽天性を生むという魔術性を担ってしまうことになり，他方においては，仏陀の徳性としての「慈悲」は，輪廻する世間の人々によっては決して獲得されていないものであることを含意すると解釈されるとき，そのような世間の人々は仏陀を通じてのみ「慈悲」に接し得ると思われるのである。仏陀の徳性とされる「慈悲」が，このような二重の意味をもつものであるならば，たとえ世間の人々が「慈悲」を語るとしても，その実践もしくは心情というような実際的な行為が生まれることは至難であると言わざるを得ない。ここから，「悲」と区別された，仏陀に固有の特質としての「大悲」が強調されるようになっていくのは全く当然のことのように思われる。

さらに，慈悲に関する批判的な見解はシュミットハウゼン教授も明らかにしておられる。即ち，教授は，1999年の日独交流会議において次のように述べられた[19]。

---

[18] 高崎 1992，pp. 162–163。
[19] 千葉 2000, p. 69 及び 2009, p. 104, p. 114 参照。

> What is frequently found is statements that the *khandhas* etc., or even all *dhammas*, are not the or a self, but I am not aware of any canonical passage deriving compassion from this idea, and even in later literature such derivation appears to be rare. According to the basic canonical text on "not-self" (*anattā*) the insight that the khandhas etc. are not self or mine because they are impermanent and hence unsatisfactory, only leads to becoming weary of them (*nibbhidā*), detachment (*virāga*) and liberation (*vimutti*).
>
> （日独交流会議「自然理解と仏教」1999年1月31日，早稲田大学国際会議場，レジメp. 30参照）
>
> 原始仏教聖典のなかで，繰り返し説かれているのは，「五蘊などが，あるいは，あらゆる諸存在が，自我ではない，あるいは，一個の自我ではない」ということである。しかるに，わたくしは，原始仏典の中で，慈悲の心が，そのような「無我」の思想から生まれてくる，などと説く箇所を，まったく知らないのである。後世の文献においてすらも，慈悲の心が，「無我」の思想から生まれてくる，などと説くことは，ほとんどない，と思われる。（レジメの和訳 p. 30, ll. 45-50）

教授はここで，「無我」の思想から「慈悲の心」が生まれてくることが，原始仏典でも後世の文献でもほとんど説かれないことを鮮明に指摘しておられる。

また，教授は、同様の趣旨はその後公刊された論文でも述べておられる。

> 同情は仏陀が開悟したことによる必然的な成果である，あるいは声聞のそれもふくめて，どのような解脱の経験からでもかならず自動的に流れでてくるものである，という二つのことは，管見によるかぎり，すくなくともふるい資料においては確認されていない。〔……〕とりわけ人格を構成する要素の無我性についての（のちに前面に押しだされてくることになる）智慧は，筆者のみるかぎり，すくなくとも正規

の仏典においては，ただそれら構成要素からの解放にのみ資するものである。その智慧は，したがって，たしかに利己的な感情と努力の根を断つものではあるが，しかし，だからといって積極的に利他を目指す感情や衝動を自動的に生みだすまでにはいたってはいない[20]。

教授はここで無我性の智慧から「悲」が自動的に出来することの自明性を問うている。即ち，「聖求経」やその問題の一節に関する近代の研究を考慮するならば，仏陀の悟りには元々「悲」の発想を含まないのではないか，もしくはそれらに論理的な関係性はないのではないかという問いに行きあたらないわけにはいかないと思われる[21]。

20　Schmithausen 2000, p. 127＝齋藤 2002, p. 78.

21　シュミットハウゼン教授は，慈悲に関して，Schmithausen 2000 のほかに，Schmithausen 2000a（訳：齋藤 2003），さらに，Schmithausen 2007（訳：齋藤 2009）において考察している。教授のこれらの論文は極めて有益であり，多くのことを学ばせていただいているが，特に注目されるべき点の一つは，解脱と他者への働きかけの間の関係を，「緊張」Spannung という特質によって捉えていることである。また，鎧淳博士は，「P. Hacker は「ショーペンハウエルとインド教の論理」で，いわゆるヴェーダーンタ哲学の伝統的思惟の枠内では，大命題「Tat tvam asi」は，何ら利他行への根拠を与えないし，又与えることがなかったことを説明し，例証している。」〔„Schopenhauer und die Ethik des Hinduismus“ (*Saeculum* XII, Heft 4.), München 1961, p. 366ff.〕と指摘している（鎧淳「ガネーシア・ギーターにおける“慈悲” (karuṇā-)」『印度学仏教学研究』17–1 1968 年，p. 357）。アートマン論（我説）が利他行に根拠を与えないという Hacker の指摘を，私は，シュミットハウゼン教授の無我性の智慧から「悲」が自動的に出来しないという主張とともに，衝撃をもって受け取った。所謂慈悲は，我説にも無我説にも根拠をもたないという問題が問われているのである。私たちに，所謂慈悲は、一体どうして生じるのであろうか。

なお，高崎博士は次のように述べている

　　一言，蛇足を加える。慈悲とか，利他業ということは，この悟られた真実，諸行無常ということから出てくる観念ではない。しかし無常ということ，したがって，縁起，無我ないし空性は，利他業の可能性をよく説明出来る原理である。（高崎 1988，p. 129）

高崎博士は，ここで，一方において，諸行無常という真実から慈悲という観念が出てこないことを認め，他方において，縁起が利他業の可能性を説明出来る原理であることを述べておられる。しかしここで指摘される二つの内容は，私に誤解があるかもしれないが，相互に矛盾するものではないだろうか。高崎博士の主張を支え

第３節　「方便品」と「譬喩品」における慈悲の用例

仏教が慈悲と特別な結びつきをもつと考えられていることに対してわれわれはここで一度その結びつきを検証する必要があると思われる。

本論の目的である『法華経』と慈悲の関係について，高崎博士は先の論文で次のように指摘しておられる。

> その〔法華経の慈悲に関する表現の〕多くは，大慈大悲を本性とする仏如来の描写において用いられているものであって，その限りでは讃仏乗としての仏伝文学に特に加えるところはないと言えよう。例えば，「方便品」に如来出現の目的を説くにあたり，過去の諸仏，未来の諸仏，現在の諸仏と同様に「私もまた如来……として，衆人の利益のため，衆人の安楽のため……種々の信解，種々の性向をもつ衆生の意向を知って法を説く」という句に見られる「衆人の利益のため」以下の定型句，ないしは，如来の説明句として用いられる，「世間を利益し，憐れみ深い釈迦族の師子」(śākyasiṃho … lokahitānukampī, I, 98)「［世間の］利益をねがう憐れみ深い仏」(buddho…hitānukampakaḥ, II 51)「大悲をもち，…利益を願い憐れみ深い如来」(tathāgatao … mahākāruṇiko … hitaiṣyanukampakaḥ, chap. III, SadP p. 77,7-9)「悲を本性とする如来」(karuṇātmakaḥ, VI, 60)「利益を願い憐れみ深く，［一切世間を］悲愍する者」(buddho … hitānukampī karuṇāyamānaḥ, xiii, 51) などである。〔中略〕如来は衆生を愍んで，衆生の利益，安楽のために

る論拠，論証過程を私は十分理解できなかった。

私は，所謂「慈悲」がどこから出来するのかという問題を問うているが，本書第1章で述べたように，それは誰かから受け取ったものであり，また，世界の滅ということの認識がなければ，「慈悲」に類する感情が出て来ることはないのではないかと考えている。

なお，後代，11世紀の唯識思想家ジュニャーナシュリーミトラが，「悲」乃至「大悲」に関連してマイトレーヤに言及することに関して，新井 2013，及び 2016「付論」を参照されたい。

この世に出現し，法を説く。菩薩は如来の滅後，如来に代わって慈悲心をもって如来の説いた教えを説く，というのが『法華経』における慈悲のあり方で，これは〈原型〉をそれほど距たっていない[22]。〔下線＝新井〕

ここで高崎博士は『法華経』における慈悲を二つのあり方によって取り扱っている。すなわち，「如来出現の目的」に関するものと「如来の説明句」に関するものであるが，以下この指摘によって『法華経』における慈悲に関する記述を見ていこう。

なお，後述するように，これらのいずれの場合にも，「慈悲」に類する概念は，karuṇā の語ではなく，主に anukampā, anukampaka 及び anukampī の語が用いられていることに注意しなければならないであろう。というのは，『法華経』がこのような karuṇā に対して必ずしも親和的でないことを示していることを想定させるからである。

さて，高崎博士によって指摘されたとおり，「如来出現の目的」を表す「衆人の利益のため，衆人の安楽のため……種々の信解，種々の性向をもつ衆生の意向を知って法を説く」という定型句の中，「衆人の利益のため (bahujanahitāya), 衆人の安楽のため (bahujanasukhāya)」という二つの語と，高崎博士によって省略された「世間を哀れむために (lokānukampāyai)」を含む記述は，「方便品」散文において四度，「譬喩品」に一度出ている。それらの五つの記述を梵語テキスト，『正法華』，『妙法華』，拙訳によって引用すれば次の通りである。

[1] K 40,15-41,2: ye 'pi te śāriputrātīte 'dhvany abhūvan daśasu dikṣv aprameyeṣv asaṃkhyeyeṣu lokadhātuṣu tathāgatā arhantaḥ samyaksaṃbuddhā bahujanahitāya bahujanasukhāya lokānukampāyai mahato janakāyasyārthāya hitāya sukhāya devānāṃ ca manuṣyānāṃ ca.

---

[22] 高崎 1992，pp. 167–168。

[2]『正法華』69c10-12: 十方世界諸仏世尊。去来現在亦復如是。以権方便若干種教。各各異音開化一切。而為説法皆興大乘。仏正覚乗諸通慧乗。

[3]『妙法華』7b3-6: 舎利弗。一切十方諸仏法亦如是。舎利弗。過去諸仏以無量無数方便種種因縁譬喩言辞。而為衆生演説諸法。是法皆為一仏乗故。

[4] シャーリプトラよ，過去世に，十方の無量無数の世界において，如来，阿羅漢，正覚者たちが多くの人々の利益 (hita) のために，多くの人々の楽 (sukha) のために，世間を哀れむために (lokānukampāyai)，多数の人々と神々と人々の義と利益と楽のために，生じ…

[5] K 41,10-12: ye 'pi te śāriputrānāgate 'dhvany bhaviṣyanti daśasu dikṣu aprameyeṣv asaṃkhyeyeṣu lokadhātuṣu tathāgatā arhantaḥ samyak-saṃbuddhā bahujanahitāya bahujanasukhāya lokānukampāyai mahato janakāyasyārthāya hitāya sukhāya devānāṃ ca manuṣyānāṃ ca.

[6]『正法華』記述[2]と同じ。

[7]『妙法華』7b7-11: 舎利弗。未来諸仏当出於世。亦以無量無数方便種種因縁譬喩言辞。而為衆生演説諸法。是法皆為一仏乗故。是諸衆生従仏聞法。究竟皆得一切種智。

[8] シャーリプトラよ，未来世に，十方の無量無数の世界において，如来，阿羅漢，正覚者たちが多くの人々の利益のために，多くの人々の楽のために，世間を哀れむために (lokānukampāyai)，多数の人々と神々と人々の義と利益と楽のために，生じ…

[9] K 42,1-4: ye 'pi te śāriputraitarhi pratyutpanne 'dhvany daśasu dikṣu aprameyeṣv asaṃkhyeyeṣu lokadhātuṣu tathāgatā arhantaḥ samyak-saṃbuddhās tiṣṭhanti dhriyante yāpayanti dharmaṃ ca deśayanti

bahujanahitāya bahujanasukhāya lokānukampāyai mahato janakāyasyārthāya hitāya sukhāya devānāṃ ca manuṣyānāṃ ca.

[10]『正法華』記述[2]と同じ。

[11]『妙法華』7b11-15: 舎利弗。現在十方無量百千萬億仏土中諸仏世尊。多所饒益安楽衆生。是諸仏亦以無量無数方便種種因縁譬喩言辞。而為衆生演説諸法。是法皆為一仏乗故。

[12] シャーリプトラよ，この現在世に，十方の無量無数の世界において，如来，阿羅漢，正覚者たちが多くの人々の利益のために，多くの人々の楽のために，世間を哀れむために (lokānukampāyai), 多数の人々と神々と人々の義と利益と楽のために，生じ…

[13] K 42,12-15: aham api śāriputraitarhi tathāgato 'rhan samyaksaṃbuddho bahujanahitāya bahujanasukhāya lokānukampāyai mahato janakāyasyārthāya hitāya sukhāya devānāṃ ca manuṣyānāṃ ca nānābhinirhāranirdeśavividhahetukāraṇanidarśanārambaṇaniruktyupāyakauśalyair nānādhimuktānāṃ sattvānāṃ nānādhātvāśayānām āśayaṃ viditvā dharmaṃ deśayāmi.

[14]『正法華』69c14-16：吾見群生，本行不同，仏観其心，所楽若干，善権方便，造立報応，而講法誼。

[15]『妙法華』7b18-22：舎利弗，我今亦復如是，知諸衆生，有種種欲，深心所著，随其本性，以種種因縁譬喩言辞方便力，而為説法。

[16] シャーリプトラよ，私も，今，如来，阿羅漢，正覚者であり，多くの人々の利益のために，多くの人々の楽のために，世間を哀れむために，多数の人々と神々と人々の義と利益と楽のために，様々な完成の教示，様々な因，原因，譬喩，語釈という方便善巧によって，様々に信解をもち，様々な界と意楽をもつ衆生たちの意楽を知ってから法を説く。

[17] K 80,11-81,4: apare punaḥ sattvāḥ sarvajñajñānaṃ buddhajñānaṃ svayaṃbhujñānam anācāryakaṃ jñānam ākāṅkṣamāṇā bahujanahitāya bahujanasukhāya lokānukampāyai mahato janakāyasyārthāya hitāya sukhāya devānāṃ ca manuṣyānāṃ ca sarvasattvaparinirvāṇahetos tathāgatajñāna-balavaiśāradyānubodhāya tathāgataśāsane 'bhiyujyante.

[18]『正法華』76a20-24：仮使有人。求諸通慧諸仏道慧。自在聖慧自従心出。無師主慧多所哀念。多所安隠諸天人民。欲利天上世間人民。滅度黎庶於如来法。奉修精進欲求大聖。普見之慧力無所畏。謂如来道。

[19]『妙法華』13b24-27：若有衆生。従仏世尊聞法信受。勤修精進。求一切智仏智自然智無師智如来知見力無所畏。愍念安楽無量衆生。利益天人度脱一切。

[20] さらに，一切種智，仏智，自然智，無師智を求めつつある他の衆生たちは，多くの人々の利益のために，多くの人々の楽のために，世間を哀れむために，多数の人々と神々と人々の義と利益と楽のために，一切衆生の般涅槃の理由のために，如来の知の力と無畏の覚知のために，如来の教誡に専念するのである。

しかるに，これらの記述において「哀れみ」を意味する anukampā の語を含む lokānukampā という表現は，次のようなパーリ『増支部』「一人品」や『律蔵』「大品」にも見られるものである。

[21] AN I 22,1-4: ekapuggalo bhikkhabe loke uppajjamāno uppajjati bahujanahitāya bahujanasukhāya lokānukampāya atthāya hitāya sukhāya devamanussānam. katamo ekapuggalo? tathāgato arahaṃ sammā sambuddho.

『増一阿含』「阿須倫品」T 2.125: 561a9-12: 若有一人出現於世，多饒益人安隠衆生愍世群萌，欲使天人獲其福祐。云何為一人。所謂多薩阿竭阿羅呵三耶三仏。

比丘たちよ，一人が世間に生まれつつ生まれるのは，多くの人々の利益のために，多くの人々の楽のために，世間を哀れむために，神々と人々の義と利益と楽のためである。一人とは誰か。如来・応供・正等覚者である。

[22] *Vinaya*, Mahāvagga: 21,1-3: caratha bhikkhave cārikaṃ bahujanahitāya bahujanasukhāya lokānukampāya atthāya hitāya sukhāya devamanussānam.
『律蔵』「大品」多くの人々の利益のために，多くの人々の楽のために，世間を哀れむために，神々と人々の義と利益と楽のためである。

記述[21]では，如来出現の目的として「世を愍むため」と語られており，先の「方便品」散文の四つの記述と同趣旨であるが，記述[22]では，比丘たちが「遍歴」し，法を説くことの目的として「世間に対する哀れみ」が語られている。この点で，記述[21]と[22]における目的の内容は異なるが，下線部の記述の表現そのものは『法華経』の記述と同様であり，この表現が，ある一定の広がりをもって当時の人々に受け入れられていたことを示しているであろう。またこの用法は，大乗の経典である『八千頌般若』*Aṣṭasāhasrikā Prajñāpāramitā* (Aṣṭa) において，菩薩の修行の目的としても用いられていたことが知られる。即ち，次のような記述である。

[23] Aṣṭa 108,32-109,2: tathā hi te subhūte bodhisattvā mahāsattvā bahujanahitāya pratipannā bahujanasukhāya lokānukampāyai mahato janakāyasyārthāya hitāya sukhāya devānāṃ ca manuṣyāṇāṃ ca ......
というのは，スブーティよ，彼ら菩薩大士たちは，多くの人々の利益のために，多くの人々の楽のために，世間を哀れむために，修行しているのである。多数の人々と神々と人々の義と利益と楽のために。

> [24] Aṣṭa 146,26-27: duṣkarakārakāḥ subhūte bodhisattvā mahāsattvāḥ ye lokahitāya saṃprasthitāḥ, lokasukhāya lokānukampāyai saṃprasthitāḥ, ...
> スブーティよ，世間の利益のために出で立ち，世間の楽のために，世間を哀れむために出で立ち……菩薩大士たちは，難行の行者である。

しかるに，以上の記述において，lokānukampā とともに，bahujanahitāya と bahujanasukhāya という二つの用語が列挙されているが，これらの二つの用語に類似した表現は，大乗経典においてだけでなく，部派仏教において，福業をなす際の碑文において確認される。このことは，これらの二つの用語が西紀１世紀頃のインド仏教においても広範囲にわたりよく知られていたことを示す点で重要と思われる。静谷正雄氏は次のように述べておられる。

> 最も古く現れるのは，ガンダーラの Pājā 村出土の石刻碑文であるが，この碑文は111年（ヴィクラマ紀元とみて西紀54年頃に当たる）の日附をもち，Ānanda の子 Saṃghamitra が父母への供養として，「一切衆生の利益安楽のために」(sarvasattvaṇa hidasuhae) 井戸を造らせたことを記録する。〔中略〕これらの碑銘の中には説一切有部や法蔵・賢冑・大衆・東山・西山・化地の諸部に関係するものがあるので，部派仏教においても，福業をなすに当たっては一切衆生の利益安楽を願うべきことが一般に認められていたことが知られる。そして「一切衆生の利益安楽のために」の語句は，カニシュカ紀元８年の日附をもつマトゥラー出土 Bhūmi-nāga（竜王）像台座銘文や，マトゥラーの Dadhikarṇṇa 龍王祠への寄進を録する銘文（カニシュカ紀元二六年）にも現れ，同時代のジャイナ教碑文にも見出される。しかしバラモン教関係の碑銘には出てこないようである[23]。〔下線＝新井〕

---

[23] 静谷正雄『初期大乗仏教の成立過程』百華苑，1974年，pp. 241–242。

また，同様の指摘は肥塚隆氏も述べておられる。

> ガンダーラやマトゥラーのクシャーン時代の刻文に「一切衆生の利益と安楽のために（sarvasattvānāṃ hitasukhārthaṃ または °sukhāya bhavatu)」と記したものがかなりあり，この句には大乗思想の反映を認めうるものの，説一切有部や大衆部への寄進名にも同じ句が見られることは，思想とは関係なく常套句のように用いられたと考えるべきであろう[24]。〔下線＝新井〕

これらの二つの論述に言及される「一切衆生の利益（hita）と楽（sukha）のために」という表現は，先の「方便品」散文，『増支部』「一人品」，『律蔵』「大品」，『八千頌般若』に出る定型句，すなわち「多くの人々の利益のために，多くの人々の楽のために，世間を哀れむために，多数の人々と神々と人々の義と利益と楽のために」という記述と同趣旨であると一応看做すことができるように思われる[25]。

しかるに，肥塚氏が，この定型句が「思想とは関係なく常套句のように用いられたと考えるべき」であると述べておられることは，重要な指摘であると思われる。

即ち，当時のインド仏教において一般によく知られ，また碑文に見出される「一切衆生の利益と楽のために」という表現と類似した意味をもつと考えられる bahujanahitāya と bahujanasukhāya という二つの語彙が，『法華経』梵本において lokānukampā とともに列挙されて用られていることには問題が認められるのである。

lokānukampā を含む問題の一節について，「方便品」散文における四つ用例の中，梵語テキスト[9]に対する『妙法華』[11]には「多所饒益安楽衆

---

24 肥塚隆「大乗仏教の美術――大乗仏教の初期相」『講座大乗仏教10　大乗仏教とその周辺』春秋社，1985年，p. 287，註24。

25 ただし，「一切衆生」と「多くの人々」が異なることにはやはり注意を要する。

生」という対応漢訳個所が認められるが[26]，その他の三つの梵語テキスト[1]，[5]，[13]の漢訳に，対応する翻訳個所を欠いているという事実は，それらの梵語テキストの記述が後代付加されたことを示していると思われる。即ち，「方便品」散文は，ある段階において，「如来出現の目的」に関して，bahujanahitāya や bahujanasukhāya，lokānukampāyai というような，世間でよく知られている用語を受け入れたと考えられるのである[27]。

一方，この点で，「譬喩品」散文の梵語テキストの記述 [17] に対応して，『正法華』[18]に「多所哀念。多所安隠諸天人民。欲利天上世間人民」，及び『妙法華』[19]に「愍念安楽無量衆生。利益天人」の漢訳が見出されることは「方便品」散文の場合と対照的であり，「譬喩品」散文が元々bahujanahitāya や bahujanasukhāya，lokānukampāyai というような語彙，もしくは観念をもっていたことを示していると言えるかもしれない。

第４節　仏陀の属性としての慈悲

ところで，「聖求経」に起源をもつ仏教の「あわれみ」は仏眼をもって世間を見ることの動機とされていた。「悲」(karuṇā) に関しては，「四無量」が説かれるように肯定的な立場で発展的に考えていく仏教徒がいたの

---

26 なお，記述[1]の “bahujanahitāya bahujanasukhāya lokānukampāyai mahato janakāyasyārthāya hitāya sukhāya devānāṃ ca manuṣyānāṃ ca” に対応する漢訳を欠いていること，ただし記述[11]の『妙法華』に「多所饒益安楽衆生」の訳文があることは，すでに松本史朗博士が指摘しておられる。松本 2010, p. 164, 及び pp. 167–168参照。

27 「方便品」散文には，次のような記述がある。

K 37,10–11: teṣāṃ tad bhaviṣyati dīrgharātram arthāya hitāya sukhāyeti.

『正法華』69b6: 多所安隠。冀不疑慢。

『妙法華』6c24: 長夜安隠，多所饒益。

それは，長時に，彼らにとって，義 (artha) のため，利益 (hita) のため，楽 (sukha) のためとなるでしょう。

この個所の漢訳には，「安穏」「饒益」という語が確認されるから，「方便品」散文に，このような語彙が全くなかったとは考えられないが，しかし，少なくとも，ここには「慈悲」に相当する語がないことは指摘できるであろう。

に対して，先の『論事』の記述のように，否定的に見なす仏教徒がいたことも事実であると思われる。

しかるに，「方便品」梵本散文部分にこの karuṇā が一度も用いられないという事実は，どのような事態をあらわしているであろうか。確かに，次のように，「方便品」第112偈には kāruṇya の用例がある。

[25] K 54,11-12: gatīṣu ṣaṭsu pariruddhacittāḥ kudṛṣṭidṛṣṭīṣu sthitā akampyāḥ | duḥkhena duḥkhānupradhāvamāṇāḥ kāruṇya mahyaṃ balavan tu teṣu || (II, v. 112) ||

[26]『正法華』72a28-72b1：黙在六塹，堅住邪見，不可動転，在於苦悩，処危嶮徑，吾発大哀，愍此愚癡，安隠求至。

[27]『妙法華』9c2-3：深入諸邪見，以苦欲捨苦，為是衆生故，而起大悲心。

[28]〔貧しい衆生 (daridrasattva) たちは（「方便品」第110偈参照）〕六道において心が閉じ込められ，悪い見解に止まって動かず，苦によって苦を追いつつある。しかし，彼等に対する私の悲であること (kāruṇya) は強いものである。

ここに述べられる「悲であること (kāruṇya)」は，「貧しい衆生たち」に対する眼差しそれ自体について言われており，上掲「聖求経」の問題の記述と類似した印象はもつが，この記述[25]の kāruṇya は仏陀の心作用を表しており，仏眼をもって世間を見ることの動機を表していた「聖求経」の「あわれみ」とは，その意味は厳密には異なると考えられる。

しかるに，「方便品」散文において「慈悲」の意義を担っていた anukampā は，高崎博士が指摘しておられるとおり，如来出現の「目的」を示すものであることが理解される。

しかし，anukampā は奇妙なことに，次のような「方便品」第51偈において anukampaka と変化した形で，如来の「属性」となってしまったかに思われる。

[29] K 46,5-6: tathā hi te āśayasaṃpadāya viśuddharūpāya samanvitā ’bhūt | vadāmi tān buddha bhaviṣyatheti anāgate ’dhvāni hitānukampakāḥ || (II, v.51)||

[30]『正法華』70b7-9：志性和順，行能具足，是等勇猛，親近聖教，則為彼説，徳最弘衍，於当来世，慈愍哀傷。

[31]『妙法華』8a11-12：我記如是人，来世成仏道，以深心念仏，修持浄戒故。

[32] というのは，彼等は，意楽の完成と清浄な戒を具えたものであったが，彼等に「未来世において，あなたたちは利益を施す哀れみを持つ (hitānukampakāḥ) 仏陀になるであろう」と私は説く。

ここには重大な変化が認められる。即ち，『法華経』の一切皆成という如来出現の「目的」が単に形式的に抽象化されて，「哀れみを持つ」(anukampaka) という所謂「慈悲」を如来の「属性」として見る安易な発想を「方便品」第51偈において受け入れてしまったと見なさざるを得ないからである。

またここでは，hita という語は，おそらく bahujanahitāya や bahujana-sukhāya の内容を受けて，複合語の前分として anukampaka とともに用いられているが，その意味は，「方便品」散文の如来出現の「目的」から如来の「属性」へと変化し，しかも「多くの人々の (bahujana) 」という限定を欠く表現になっている。このような形式的に抽象化，ないし単純化されただけの表現は，その「利益」の実質的な内容が問われないまま一人歩きするような楽天性を生むと考えられる。

同様の事態は，次のような「譬喩品」散文の記述についても指摘できると思われる。

[33] K 77,7-9: tathāgato jñānabalavaiśāradyāveṇikabuddhadharmasamanvāgata ṛddhibalenātibalavāṃl lokapitā mahopāyakauśalyajñānaparamapāramitāprāpto mahākāruṇiko 'parikhinnamānaso hitaiṣy anukampakaḥ.

[34]『正法華』75c12-15：如来至真等正覚超越十方光照衆冥。解脱憂恐拔断根牙。枝葉華実如来慧現。法王神力為世之父。善権方便摂持恩議。行乎大悲道心無尽。

[35]『妙法華』13a13-16：而悉成就無量知見力無所畏。有大神力及智慧力。具足方便智慧波羅蜜。大慈大悲常無懈倦。恒求善事利益一切。

[36] 如来は，知と力と無畏と他に比類なき仏陀の属性を具え，神通力によって非常な力がある世間の父であり，偉大な方便善巧と知の最高の完成を獲得し，大悲を持ち (mahākāruṇika)，心が消耗することなく利益を願い，哀れみを持つ (anukampaka) のである。

ここには「大悲を持ち (mahākāruṇika)」や「哀れみを持つ (anukampaka) 」の語があるが，これらの二つの語によって，「方便品」第51偈の anukampaka と同様に，所謂「慈悲」が如来の「属性」として考えられている。これは，「方便品」散文の anukampā が表す如来出現の「目的」とは意味が異なり，変化した段階を示していると思われる。

なお，「方便品」第112偈[25]で扱った karuṇā に関連して，「方便品」第88偈には kāruṇika という語の用例がある。

[37] K 51,7-8: bhittīṣu puruṣā ca kumārakā vā sarve ca te kāruṇikā abhūvan | sarve 'pi te tārayi prāṇikoṭyaḥ samādapentā bahubodhisattvān || (II, v.88)

[38]『正法華』71b19-21: 悉亦自致，為大慈哀，一切皆当，逮得仏道，即使得度，億千群萌，無数菩薩，神通三昧。

[39]『妙法華』9a7-8: 如是諸人等，漸漸積功徳，具足大悲心，皆已成仏道。

これは，所謂「小善成仏」が説かれる偈の一つであるが[28]，kāruṇika（悲を持つもの）という語は，ここで仏像を作った者たちの属性を表している。二つの漢訳では「大慈哀」「大悲心」という語が kāruṇika に対応する翻訳であろうが，しかし梵本は「大」に相当する語を欠いている。

この翻訳の仕方は，「方便品」第112偈[25]において，“kāruṇya ... balavan”が仏陀の心作用として，二つの漢訳において「大哀」「大悲心」と翻訳されることに類似していると思われる。即ち，「方便品」第112偈[25]には「大」に相当する balavan の語があるが，竺法護と鳩摩羅什という二人の翻訳者は，この場合 karuṇā とは，ある特別な karuṇā であると解釈したと思われるのである。

しかるに，先に引用した「譬喩品」散文[33]において，mahākāruṇika は『正法華』では「大悲道心」(75c15)，『妙法華』では「大慈大悲」(13a15)と訳されている。これらの翻訳は，二人の翻訳者が上掲「方便品」第88偈の kāruṇika に対して「大」という語を加えて漢訳する時，その解釈の仕方に関わった記述と想定される。即ち，『法華経』に説かれる karuṇā に関して，「譬喩品」散文と「方便品」偈の連関を示唆するものであろう。

しかし，これらの「大」という語が付加された翻訳は，仏陀に「悲」karuṇā の属性を固定化した結果生じた解釈を示していると思われる。また，この場合，「聖求経」において「あわれみ」という観念が担っていた仏陀の最初説法への「動機」から発展した解釈がなされているように思われる。

第５節　「化城喩品」における哀愍について

「方便品」と「譬喩品」における定型句「多くの人々の利益のために，多くの人々の楽のために，世間を哀れむために (lokānukampāyai)，多数の人々と神々と人々の義と利益と楽のために」という一節は，『法華経』で

---

28 「小善成仏」を説くこの偈の個所の考察は，松本 2010，pp. 530-532 参照。

は他に「化城喩品」における用例が着目される。以下，この一節を定型句Aと呼び，「化城喩品」における用例を列挙しよう。

[40] K 162,9-11: dharmacakrapravartanatāyai deśayatu bhagavān dharmam deśayatu sugato dharmaṃ <u>bahujanahitāya bahujanasukhāya lokānukampāyai mahato janakāyasyārthāya hitāya sukhāya devānāṃ ca manuṣyāṇāṃ ca</u> |.

[41]『正法華』89b19-20: 多所安隠多所<u>愍傷</u>，饒益衆生安諸天人。

[42]『妙法華』22c29-23a1: 世尊説法，多所安隠<u>憐愍</u>饒益諸天人民。

世尊は，法輪を転ずるために，法をお説きください。善逝は法をお説きください。<u>多くの人々の利益のために，多くの人々の楽のために，世間を哀れむために (lokānukampāyai)，多数の人々と神々と人々の義と利益と楽のために</u>。

この記述でも，世尊が法を説くことの目的として，下線部の定型句Aが引き合いに出されており，先に考察した「方便品」と「譬喩品」の用例と同じ趣旨を説くものであろう。

「化城喩品」において梵語テキスト[40]と同文は，これ以下四回認められるが，相当漢訳個所を見ると，次に示すように，ただ一回を除いて対応する漢訳を欠いている。

K 166,15-167,2：『正法華』『妙法華』対応訳文なし

K 170,9-11：『正法華』『妙法華』対応訳文なし

K 173,11-12：『正法華』91a13：多所<u>愍傷</u>普安一切：『妙法華』対応訳文なし

K 178,5-7：『正法華』『妙法華』対応訳文なし。

このように見ると，定型句Aは後代の付加であると考えられるから，如意出現の目的としての哀れみ，ないし慈悲に類する観念は，『法華経』の有していた元々の主張として説かれていなかったと思われる。

しかるに，「化城喩品」では，さらに次のような別の定型句も認められる。今，便宜的にこの記述を定型句Bと呼ぶ。

[43] K 166,1-2: parigṛhṇātu bhagavān imāni brāhmāṇi vimānāni asmākam anukampām upādāya | paribhuñjatu sugata imāni brāhmāṇi vimānāny asmākam anukampām upādāya ‖.
[44]『正法華』90a9: 惟願哀愍納受宮殿華土之供。
[45]『妙法華』23b6-7: 唯見哀愍饒益我等，所献宮殿願垂納受。
[46] 世尊は，これらの梵天の宮殿をご納受ください。私たちに対する哀愍の故に (asmākam anukampām upādāya)。善逝は，これらの梵天の宮殿をご受領ください。私たちに対する哀愍の故に (asmākam anukampām upādāya)。

記述[43]と同様の梵語テキストは，この後，三回確認され，『妙法華』には対応訳が確認されるものの，『正法華』には，その中，一回のみ対応訳が確認される。

[47] K 169,7-9: [43]と同文
[48]『正法華』対応訳なし
[49]『妙法華』23c12-13: 唯見哀愍饒益我等，所献宮殿願垂納受。

[50] K 172,11-13: [43]と同文
[51]『正法華』91a1: 惟願愍傷受而処之。
[52]『妙法華』24a20-21: 唯見哀愍饒益我等，所献宮殿願垂納受。

[53] K 176,2-4: [43]と同文
[54]『正法華』対応訳なし
[55]『妙法華』24b28-29: 唯見哀愍饒益我等，所献宮殿願垂納受。

従って，この定型句Bは後代付加されたと考えられるのであるが，『正法華』[51]には対応訳が認められるから，原テキストにもある程度の記述がなされていたと想定される[29]。

「化城喩品」梵語テキスト[43]で，「納受」「受領」を為す原因として示され，その後も繰り返される「哀愍の故に (anukampām upādāya)」という表現は[30]，「化城喩品」の他の個所でも用いられている。

---

[29] なお，anukampām upādāya に類似した表現として次のような用例がある。

K 187,9–11: atha khalu bhikṣavaḥ sa deśika upāyakuśalas tān puruṣān pratinivartitukāmān viditvā evaṃ cintayet | mā khalv ime tapasvinas tādṛśaṃ mahāratnadvīpaṃ na gaccheyur iti | sa teṣām anukampārtham upāyakauśalyaṃ prayojayet |.

『正法華』92c2: 導師愍之，発来求宝，中路而悔。設権方便……

『妙法華』26a2–4: 導師多諸方便，而作是念。此等可愍，云何捨大珍宝而欲退還。作是念已，以方便力……

そこで，方便に巧みなその導師は，それらの人々が引き返したいと思っているのを知って，このように考えるとしよう。「これらの苦しんでいる人々が，あのような大きな宝処に行かないということはあってはならない」と。彼〔＝導師〕は，彼ら〔＝これらの苦しんでいる人々〕に対する，哀愍のために (anukampārtham, snying brtse ba'i phyir [: 北京版西蔵大蔵経 Vol. 30: chu 82b8)，方便善巧を用いるとしよう。

ここで anukampārtham は，方便善巧を用いるについて，哀愍それ自体を目的として示しているようである。二つの漢訳に，「愍」「可愍」と訳されており，梵語テキストの対応が認められる。

[30] anukampām upādāya に関連して，袴谷憲昭氏は，『無量寿経』の "pratigṛhṇīyur ... anukampām upādāya"「哀愍のゆえに，それを受領なさる」という考え方について，「『華厳経』「入法界品」の "tathāgata-sattva-dakṣiṇā-pratigraha"（有情の布施の受領〔に値する〕如来の語を想起させる」「それは，仏世尊が dakṣiṇā を無駄にすることのない祭官にも等しき霊力を持っていることを示しているのであり，その霊力があるからこそ，仏世尊は，「哀愍のゆえ」に，有情の提供した施物（dakṣiṇā）を受領してやることができるのである」と指摘しておられる（袴谷 2013，p. 545，註 71）。

この点，『正法華』[48] [54]，及び [57] に「哀愍の故に」，ないしそれに類する表現がないことは，「哀愍のゆえに，それを受領なさる」という発想が後代のものであること，つまり『法華経』の元々の所説でないことを示すであろう。

[56] K 180,12-14: tat sādhu bhagavāṃs tathāgato 'rhan samyaksaṃbuddho 'smākam anukampām upādāyānuttarāṃ samyaksaṃbodhim ārabhya dharmaṃ deśayatu yad vayam api tathāgatasyānuśikṣemahi |.

[57]『正法華』91c18-19: 惟為我等，講演無上正真道誼，願弘慧見指示其処。当從如来学大聖教。

[58]『妙法華』25a22-24: 世尊，亦当為我等，説阿耨多羅三藐三菩提法。我等聞已皆共修学。

[59] 私たちも如来から学びたいと願いますので，どうか，世尊，如来，阿羅漢，正覚者は，哀愍の故に (anukampām upādāya)，無上正覚を目的として[31] (ārabhya)，私たちに法をお説きください。」

「化城喩品」梵語テキスト[56]では，如来が法を説く原因，ないし動機が「哀愍の故に (anukampām upādāya)」と表されている。このような如来の説法に関連する表現は，先に掲げた「聖求経」の一節（本章 p.11）の趣旨との連関を示すものであろう。即ち，「聖求経」は「仏眼によって世間を見た」動機として kāruññataṃ paṭicca，即ち，「哀れみをもつものであることに縁って」を挙げていたが，「化城喩品」[56]では，如来が法を説くために，anukampām upādāya，即ち，「哀愍の故に」を挙げている。これは，所謂「慈悲」に類する表現が，如来の説法に関連づけられて用いられることを示す点で重要な用例を示すと思われる。ただし，『正法華』[57]，『妙法華』[58]には，対応する漢訳がなされていないため，「化城喩品」[56]のanukampām upādāyaは，やはり後代付加されたと考えられるであろう。

しかるに，如来の説法に関連づけられて用いられるanukampām upādāyaは，他の仏教文献でも用いられている。その中でも，次に示すナーガールジュナの『根本中頌』*Mūlamadhyamakakārikā* (MMK) の「最終偈」（第27章「見の考察」(Dṛṣṭiparīkṣā) 第30偈）におけるanukampāの語の用例は，anukampām

[31] "ārabhya" の語の解釈は，松本史朗博士のご論考に依拠し，このような訳を与えた。松本 2010，pp. 150–156 参照。

upādāyaという「化城喩品」におけるものと同じ句である点で着目されるが，この偈は次章で考察しよう。

第６節　本章の要点

本論の考察の要点をまとめておきたい。

(1)　「方便品」梵本において karuṇā の語が用いられていないことと lokānukampā の対応漢訳を多く欠如していることは，少なくとも「方便品」散文が「聖求経」に挙げられる「あわれみ」と親和的でないことを示唆していると思われる。

(2)「方便品」散文，および「譬喩品」散文において，如来出現の「目的」としての用語であった anukampā は，「方便品」第51偈において anukampaka に変化し如来の「属性」を表すようになったが，これは「方便品」の「慈悲」に関する所説が，形式的抽象化によって安易な内容を意味するものに変化したことを示していると考えられる。

(3) lokānukampāという表現は，「化城喩品」でも多く用いられているが，必ずしも漢訳との対応が認められないため，後代の付加であることが考えられる。「化城喩品」では，anukampām upādāyaという表現が，如来の説法に関連づけられて用いられる。

第３章　『根本中頌』最終偈の解釈*

第１節　はじめに

平成28年度駒澤大学成道会記念講演会（平成28年12月8日）において，桂紹隆博士は「龍樹の仏陀観―ブッダ（達）は何を説いたか」と題されてご講演された。

博士はそこで「単数のブッダ＝この娑婆世界に登場し，「縁起」を説いた釈尊」を示すものとして，『根本中頌』*Mūlamadhyamakakārikā* (MMK) 冒頭の「帰敬偈」とともに「最終偈」（第27章「見の考察」(Dṛṣṭiparīkṣā) 第30偈）を掲げられたのであるが，私は，その「最終偈」の博士の和訳の中で「憐愍の情から」という語が気に掛かり，大きな点として次の二つの疑問を覚えたのである。一つには，この「最終偈」において「憐愍の情」と訳されたサンスクリット原語は anukampā であるが，仏陀の所謂慈悲の出発点と考えられる『中部』第26経「聖求経」Ariyapariyesanasutta (APS) において説かれる「梵天勧請」の一節において，最初説法へと至る動機として，仏陀に関連付けられている特性としての所謂慈悲は kāruññatā の語によって示されているのである。即ち，仏陀の所謂慈悲の特性は，この「梵天勧請」の一節において kāruññatā の語によって示されており，一般に慈悲について示される karuṇā の語によって示されない点で，厳密に区別されるものである。今の文脈で言えば，『根本中頌』「最終偈」と「聖求経」の「梵天勧請」の一節の記述において，仏陀の所謂慈悲の特性は，anukampā と kāruññatā という二つの異なる語によって与えられており，直ちに同一ものとは言えないのではないかと考えたのである。

第二に，『八千頌般若』*Aṣṭasāhasrikā Prajñāpāramitā* (Aṣṭa) において説か

---

*この論文は，平成 29 年 7 月 29 日（土）に行われた平成 29 年度第 1 回インド論理学研究会（於駒澤大学大学会館 246，3 階 3–2 会議室）における発表を補訂，加筆して論文にしたものである。発表，及び掲載を許諾された当研究会，松本史朗先生，金沢篤先生，四津谷孝道先生に記して謝意を表したい。（2017 年 11 月 10 日）

れる慈悲との関連である。即ち，私はその時，『八千頌般若』の慈悲の内容に関して，いくつかの『八千頌般若』の記述に基づいて「四無量」中の前二支たる「慈」(maitrī) 及び「悲」(karuṇā) をその特色の一つとして捉えていたから，anukampā を説く『根本中頌』と「慈」(maitrī) 及び「悲」(karuṇā) を説く『八千頌般若』には，慈悲の観念に関して相違があるのではないかと考えたのである。

第２節　『根本中頌』27.30「最終偈」の本文

『根本中頌』冒頭の「帰敬偈」においてナーガールジュナは仏陀が縁起を説いたことを明示するが，この「最終偈」においてはその縁起を説いた仏陀に対して，冒頭の「帰敬偈」には示されなかった「憐愍」(anukampā) の概念が関連付けられている。『根本中頌』27.30「最終偈」のテキストを，サンスクリットと蔵訳，漢訳（鳩摩羅什訳）によって掲げ，それに対する桂博士，Siderits and Katsura，高崎直道博士，そして私の訳を示そう。

[1] MMK 27.30 [: 500]:
sarvadṛṣṭiprahāṇāya yaḥ saddharmam adeśayat |
anukampām upādāya taṃ namasyāmi gautamam ||
gang gi thugs brtse nyer gzung nas || lta ba thams cad spang ba'i phyir ||
dam pa'i chos ni ston mdzad pa || gau tam de la phyag 'tshal lo ||〔下線＝新井〕
[2] 鳩摩羅什訳（青目釈『中論』409年）T 30.1564: 39b25–26:
瞿曇大聖主　憐愍説是法　悉断一切見　我今稽首礼。〔下線＝新井〕
[3] 桂訳[1]：
［人々に対する］憐愍の情から，一切の［悪しき］見解を断じるため

[1] 桂紹隆，五島清隆『龍樹『根本中頌』を読む』春秋社，2016年，p. 113, p. 120, p. 184, p. 207。

に，［縁起という］正法を説かれたガウタマ（＝仏陀）に，私は帰依いたします。〔下線＝新井〕

[4] Siderits and Katsura[2]：

I salute Gautama, who, based on compassion, taught the true Dharma for the abandonment of all views.〔下線＝新井〕

[5] 高崎訳[3]：

慈愍にもとづいて (anukampām upādāya) 一切の［邪］見を断ずべく正法を説いた方であるガウタマ［仏］に帰命したてまつる。〔下線＝新井〕

[6] 拙訳：

一切の見を捨てるために，憐愍を取り入れて (anukampām upādāya, thugs brtse nyer gzung nas)，正法 (saddharma) を説いたもの，かのガウタマに，私は礼拝する。

問題の anukampā の概念に関して，桂訳[3]は，Siderits and Katsura訳[4]，及び高崎訳[5]と訳語上は必ずしも一致しないようであるが，anukampām upādāya の句は，これらの三つの訳によれば，「ガウタマ」が「正法」を説いた行為の理由，原因，動機，もしくは根拠を示すものであると一応理解されるであろう。

しかるに，anukampām upādāya の句の解釈について言えば，私は，逐語的に「憐愍を取り入れて」と訳し，その一文は“憐愍を素材もしくは土台，根拠として，正法を説いた”という意味で解釈している[4]。anukampām

---

2 Mark Siderits and Shoryu Katsura, *Nāgārjuna's Middle Way, Mūlamadhyamakakārikā* (Classics of Indian Buddhism), Wisdom Publications 2013, p. 334.

3 高崎 1992, p. 176。なお，高崎博士は『根本中頌』27.30「最終偈」を「廻向偈」と呼んでおられる。

4 この解釈は，高崎直道博士の論文「UPĀDĀNA（取）について――『中論』の用例をめぐって――」(『田村芳朗博士還暦記念論集　仏教教理の研究』春秋社，1982年）に基づいている。即ち，高崎博士は upādāya prajñapti「因りて施設すること」を説明的に訳して「〔何かに〕依りて（＝何かを素材として），〔あるものを〕想定し，

upādāya の句は，理由，原因，動機というよりは，むしろ「素材」「土台」「根拠」を示していると見るのである。そしてこの解釈は，上に掲げたこれらの近代の三つ訳では，もし桂訳「憐愍の情から」の訳語の「〜から」が，「〜を素材として」「〜を土台として」「〜を根拠として」を意味するならば，桂博士と，そしてまたSiderits and Katsura訳及び高崎訳と同様の理解を示すものである。

なお，微細な点であるが，「憐愍の情から」という訳は，anukampā の他に「情」という語に相当する何らかの原語があることを想定させる点で，不明瞭さを残すものと言えるかもしれない。従って，もし桂訳のように「〜から」という助詞を用いて訳すならば，「情」を省いて，Siderits and Katsura 訳のように「憐愍から」という訳が厳密なものであろう。

第３節　「聖求経」の考察

さて，『根本中頌』「最終偈」の anukampā の意義を明らかにするため，仏陀の所謂慈悲の出発点と見なされる「聖求経」における当該記述を考察しよう。

既に先行研究によって指摘されるように，仏陀の慈悲の出発点と見なされるものとしてこの概念が出て来るのは，梵天勧請の伝説を伝える一節においてであろう[5]。即ちそこでは，仏陀が仏眼によって世間を見たとき，そ

〔それに名を与えて〕表現すること」(p. 40) とし，また「右の我を施設する時の五蘊は，そのような因施設の素材である。素材は土台，根拠といってもよいが，これを upādāna とよぶ。」(p. 41) 〔下線＝新井〕と言われる。

なお，upādāna に関して，松本史朗博士は松本 2004（pp. 233–361）で詳細に論じられ，それを「取られるもの」である“基体”と見るという見解を示しておられる。また，upādāya の解釈に関して，この語が抽象名詞に後続する形で，-tām upādāya が『阿毘達磨集論』等で理由を示すために多用される表現であることを指摘しておられる（松本 2004, p. 233 及び p. 427 註 31）。『根本中頌』「最終偈」[1]では，anukampā は抽象名詞ではないことからも，理由を示すものとしては説かれていないのではないかと思われる。

[5] 中村 2010，p. 45-46，高崎 1992，pp. 162-163 参照。梵天勧請の伝説について，阪

の動機が，梵天の勧請とともに，kāruññatā の語によって表されるものなのである。この一文を「聖求経」パーリテキストと中村元博士の訳，私の暫定的な訳によって示しておこう。

[7] APS 169,5–7:
atha khvāhaṃ bhikkhave brahmuno ca ajjhesanaṃ viditvā sattesu ca kāruññataṃ paṭicca buddhacakkhunā lokaṃ volokesim.

[8] 中村訳：
そのとき世尊は梵天の意願を知り，また衆生に対するあわれみ (kāruññatā) により，仏の眼を以て世間を見わたした[6]。〔下線＝新井〕

[9] 拙訳：
比丘たちよ，その時，私は，梵天の懇請を知って (ajjhesanaṃ viditvā)，また (ca ... ca)，衆生に対して哀れみをもつものであること[7]に縁って

本 1992, p. 67 において典拠が示されている。本論ではその中「II. Pāli」に挙げられる文献に考察の範囲を限定したい。なお，この伝説を伝えるパーリ資料には『相応部』『長部』『律蔵』によるものもあるが，今は差し当たって高崎 1992 における言及の仕方に従って「聖求経」によって論述を進めたい。

6 中村 2010, pp. 45-46。

7 kāruññatā の語について，「哀れみをもつものであること」と解釈し訳を暫定的に与えた。この解釈に関して，『律蔵』「小品」の次の記述が一つの根拠を与える。

Vinaya II: 250,34-37: codaken' upāli bhikkhunā paraṃ codetukāmena pañca dhamme ajjhattaṃ manasikaritvā paro codetabbo: kāruññatā hitesitā anukampatā āpattivuṭṭhānatā vinayapurekkhāratā.

ウパーリよ，他者を難詰しようと欲する難詰比丘は五法を内に思惟してから，他者が難詰されるべきである。哀れみをもつものであること (kāruññatā) と，利益に対する探求をもつものであること (hitesitā) と，憐愍をもつものであること (anukampatā) と，罪を許すものであることと (āpattivuṭṭhānatā)，律を重視するもの (vinayapurekkhāratā) であることである。

このうち，hitesitā は「利益に対する探求をもつものであること」という意味であろう。それ故，その前後に挙げられる kāruññatā と anukampatā も，難詰比丘が思惟する五法の内容として，またその比丘に対する規定性を与えるものとして，それぞれ「哀れみをもつものであること」と「憐愍をもつものであること」と解釈するのが妥当であろう。

なお，「哀」の語の選択に関していえば，この文字が，たとえば「憐れみ」や「憐

(sattesu kāruññataṃ paṭicca), 仏眼 (buddhacakkhu) によって世間を見た。

中村博士は,この一節を引き合いに出すとき,次のように指摘している。

> 釈尊が成道後に，梵天のすすめに応じて世の人々のために法を説かれたのは慈悲にもとづくのである[8]。〔下線＝新井〕

つまり，中村博士は釈尊が仏の眼を以て世間を見わたしたことの動機を「あわれみ」とし，これらの「慈悲」と「あわれみ」の両者を同一のものと見なしておられるようである。

しかるに，この記述の解釈にはいくつかの問題点があると思われる。第一に，基本的な用語に関する問題であるが，ここでその動機は，「四無量」の第二支の karuṇā の語ではなく，あくまで kāruññatā の語によって述べられているという点である。

しかし,重要なのは,釈尊の生涯そのものに遡り得るこの伝承において,ほかならぬ kāruññatā の語が，所謂慈悲という観念に関連して用いられているということであろう。つまり，これは，禅定の実践である「四無量」の第二の karuṇā の語を用いていないという点で，この梵天勧請の伝説を伝承した仏教徒が，「仏眼をもって世間を見たこと」の動機とされている kāruññatā の語と，禅定の実践に関わる「四無量」の karuṇā の語とを明確に区別していた意図を示しているであろう[9]。従って，今日我々は，仏陀の

愍」「悲」等の語に共通する「忄」「心」等の部首から成るものではないことによって，「四無量」の禅定の心のあり方との結び付きを，一応排除したいと考えたためである。

さらに，kāruññatā の語に関して，後註 41 を参照されたい。

8 中村 2010, p. 45。

9 この点に関連して，Harvy B. Aronson, *Love and Sympathy in Theravāda Buddhism* (Delhi 1980) において次のように述べている。

> Gotama does not use the terms "love" (*mettā*) or "compassion" (*karuṇā*) to motivate the monks to teach others, or to describe his own motivation. (p. 14)

所謂慈悲に関して言及する際に，このような動機を示していた kāruññatā の語と，禅定に関わる karuṇā の語の二つを峻別して理解しなければならないであろう。即ち，語の類似性に基づいてこれらの二つの語を同義語と見ることができないばかりでなく，この動機である kāruññatā の語を「四無量」の karuṇā と同一の性格のものとして理解することは不適切と思われるのである。

第二に，しかし，このように見なされる kāruññatā の語も，梵天勧請の伝説を伝えるパーリ文献の並行記述を見ると[10]，その対応漢訳テキストには，kāruññatā の語に相当する訳を欠いている記述が確認されるのである。パーリ文献と対応漢訳テキスト，即ち『相応部』『増一阿含経』『長部』『長阿含経』『律蔵』『彌沙塞部和醯五分律』『四分律』において「聖求経」[7]に相当する記述を取り上げ，順次検討しよう[11]。

なお，以下，引用個所については，対応漢訳は「聖求経」[7]に相当する記述の前後を含む範囲を引用したい。

まず，『相応部』有偈篇第6「梵天相応 (Brahmasaṃyutta)」1.1「勧請 (Āyācanam)」（以下「梵天相応」と略す）の記述と私の訳を掲げれば次の通りである。〔下線＝新井。以下同。〕

[10]「梵天相応」SN I 138,1–25 (= APS 168,13–169,27):

atha kho bhagavā brahmuno ca ajjhesanaṃ viditvā sattesu ca kāruññataṃ paṭicca buddhacakkhunā lokaṃ volokesi. ......

即ち，“ゴータマは愛と同情という術語を，他の人々に教える僧たちに動機を与えるために，あるいは彼自身の動機を言い表すために用いない。”と述べて，「四無量」の前二支の「慈」と「悲」が説法の動機とならないことを明瞭に指摘している。また，Maithrimurthi 1999, p. 125 においても指摘される。

10 ここで取り上げる梵天勧請の記述は，阪本 1992, p. 67 において挙げられるパーリ文献の分類において挙げられるものである。

11「聖求経」には，それに対応する『中阿含経』第 56 経「羅摩経」（僧伽提婆訳，397-398 年）があるが，この漢訳テキストには「聖求経」[7]に相当する経文を含む梵天勧請の伝説は説かれない。

disvāna brahmānam sahampatiṃ gāthāya paccabhāsi.

[a]apārutā tesam amatassa dvārā | ye sotavanto pamuccantu saddhaṃ |

vihiṃsasaññī paguṇam na bhāsiṃ | dhammaṃ paṇitam manujesu brahme ti[a] ||

[a–a]= DN II 39,21–24, MN I 169,24–27, Vinaya I 7,4–7

[11] その時，世尊は，梵天の懇請を知って，また，衆生に対して哀れみをもつものであることに縁って，仏眼によって世間を見た。……〔世尊は〕見てから，梵天サハンパティに偈によって答えた。

[a]耳をもつものたちに不死への門は開かれた。彼等は信を発せ。害を想って，正真の，勝れた法を私は人々に説かなかった。梵天よ[a]。

「梵天相応」[10]は「聖求経」[7]との並行記事であり，両者は同一の形を示している。ただし，「聖求経」[7]が一人称で表されていたのに対して，「梵天相応」[10]は三人称であるという点で相違が認められる[12]。

次に，これに相当する漢訳と見なされる[13]『増一阿含経』〔僧伽提婆訳〕「勧請品」（以下「勧請品」と略す）の記述を検討しよう。

[12]「勧請品」T 2.125: 593b15–20:

爾時世尊，知梵天心中所念，又慈愍一切衆生故，説此偈曰。

梵天今来勧　如来開法門　聞者得篤信　分別深法要

猶在高山頂　普観衆生類　我今有此法　昇堂現法眼

「勧請品」[12]は「梵天相応」[10]と比較すれば，記述内容に若干の相違

---

12 「聖求経」は一人称で語られるが，他の並行するパーリ文献，即ち『相応部』『長部』『律蔵』では三人称で語られており，この問題の一文がこれらの二つの人称によって説かれていることに注意が必要であると思われるが，この相違については今は解釈を留保したい。

13 中村元『ゴータマ・ブッダ―釈尊の生涯―原始仏教 I』中村元選集第 11 巻，春秋社，1969 年，p. 221，阪本 1992，p. 67 参照。『相応部』には『雑阿含経』が相当するから，対応漢訳とみなすことについて考察が必要であろうが，今は差し当たって中村，阪本両氏の指摘に従って記述内容が対応するとみなして論じる。

は認められるが，「知梵天心中所念，又慈愍一切衆生故」と動機が示されている。それ故，「勧請品」[12]は，「聖求経」[7]及び「梵天相応」[10]における kāruññatā の動機が「梵天の心中の所念」，つまり「梵天の懇請」と並置されており，その動機に関して趣旨は一致していると思われる。

次に『長部』と『長阿含経』の記述を検討しよう。『長部』第14経「大譬喩経」Mahāpadānasutta（以下「大譬喩経」と略す）は過去仏である毘婆尸仏を代表させて釈尊の伝記を説く経典であるが，上掲「梵天相応」[10]との対照によって増広の跡が認められるようである。今は対応漢訳の『長阿含経』〔仏陀耶舎，竺仏念訳，412–413年〕「大本経」（以下「大本経」と略す）における問題の記述に相当する個所を引用しよう。

なお，「大譬喩経」[13]及び拙訳[15]の [a]......[a] の省略個所は，「梵天相応」[10]の *a–a* の記述と同文である。

[13]「大譬喩経」DN II 38,11–39,24:

tatiyam pi kho bhikkhave so mahābrahmā vipassiṃ bhagavantaṃ arahantaṃ sammāsambuddhaṃ etad avoca: desetu bhante bhagavā dhammaṃ, desetu sugato dhammaṃ, santi sattā apparajakkhajātikā assavanatā dhammassa parihāyanti, bhavissanti dhammassa aññātāro ti.

atha kho bhikkhave vipassī bhagavā arahaṃ sammāsambuddho brahmuno ca ajjhesanaṃ viditvā sattesu ca kāruññataṃ paṭicca buddhacakkhunā lokaṃ volokesi. ......

atha kho bhikkhave vipassī bhagavā arahaṃ sammāsambuddho taṃ mahābrahmānaṃ gāthāya paccabhāsi. [a]......[a]

[a–a] = SN I 138,22–25, MN I 169,24–27, Vinaya I 7,4–7

[14]「大本経」T 1.1: 8c9–20:

時梵天王復重勧請，慇懃懇惻至于再三。世尊，若不説法，今此世間便為壊敗。(1)甚可哀愍。唯願世尊，以時敷演，勿使衆生墜落餘趣。

爾時世尊(2)三聞梵王慇懃勧請，即以仏眼観視世界。……

爾時世尊告梵王曰，(3)吾愍汝等，今當開演甘露法門。是法深妙，難可解知。今為信受楽聴者説。不為觸擾無益者説。

[15] 時に，比丘たちよ，三たび，かの大梵天は，阿羅漢であり正覚者である毘婆尸世尊にこう言ったのである。「尊師よ，世尊は法をお説きください。善逝は法をお説きください。少塵を生まれとする (apparajakkhajātika) 衆生たちがいます。彼らは，法を聞かないことによって衰退します。法を了知するものになるでしょう。」と。

その時，阿羅漢であり正覚者である毘婆尸世尊は，梵天の懇請を知って，また，衆生に対して哀れみをもつものであることに縁って，仏眼によって世間を見た。……

その時，比丘たちよ，阿羅漢であり正覚者である毘婆尸世尊は，梵天サハンパティに偈によって答えた。[a]……[a]

「大譬喩経」「大本経」は過去仏である毘婆尸仏を代表させて釈尊の伝記を説く経典であり，そのためにいくつかの付加された語句が認められるが，「大譬喩経」[13]は，「梵天相応」[10]と同じく「聖求経」[7]と対応する記述であり，同じ趣旨を伝えているであろう。

しかるに，対応漢訳の「大本経」[14]を見ると，そこには，まず「梵天の懇請」の言葉の中に，下線部（1）「甚可哀愍」の記述が認められる。しかし，このような記述は「梵天相応」[10]，「勧請品」[12]，「大譬喩経」[13]にはなかったものである。細かな点ではあるが，「梵天の懇請」の言葉の中に，仏陀の説法に関連して「哀愍」が記述されている点で注目されるであろう。つまり，ここで「哀愍」は，「聖求経」[7]のように，仏陀自身の動機として説かれているのではない。

そして次に，「三たび梵王の慇懃なる勧請を聞き」，それを動機として「仏眼を以て世界を観視」してから，「汝等」衆生を「愍れみ」，「甘露の法門を開演」したと述べられる。しかし，この下線部（3）の「愍れみ」とは，仏眼をもって見たことの動機ではなく，「甘露の法門を開演」する動機として説明されている。この「大本経」[14]の記述は，「梵王の慇懃なる勧請」と「愍れみ」が区別されている点で，これらの両者が並置される「聖求経」[7]，「梵天相応」[10]，「勧請品」[12]，「大譬喩経」[13]における記述内容とは異なっている。

しかるに，このように「大本経」[14]下線部（3）において説かれる「愍れみ」は，その一節に相当するパーリ文献の個所には欠如しているのである。即ち，「梵天相応」[10]を見ると，上に掲げたように "disvāna brahmānam sahampatiṃ gāthāya paccabhāsi" であり，ここに「吾愍汝等」に相当するような語は全くない。この点，「梵天相応」[10]と並行する次のような「聖求経」の記述においても同様である。

[16] APS 169,22–27:
atha khvāhaṃ bhikkhave brahmānaṃ sahampatiṃ gāthāya paccabhāsiṃ: [a]......[a]

[17] さて，比丘たちよ，その時，私は，梵天サハンパティに偈によって答えた。[a]......[a]

「聖求経」[16]に「大本経」[14]下線部（3）「吾愍汝等」に相当する語は，全く認められない。従って，「吾愍汝等」の語句に関して，原テキストの段階か訳出の際に何らかの改変が加えられたと想定されるであろう。

しかし今は，「大本経」[14]における「愍れみ」とは，「甘露の法門を開演」する動機として仏陀自身によって言われたものである点を明確に把握しておこう。この点が重要なのは，この「愍れみ」が，「梵天の慇懃なる勧請」と並置されず，そして仏眼をもって見たことの動機とされていない点で，パーリ文献の記述内容と相違するからである。

次に，『律蔵』*Vinaya*「大品」Mahāvagga の記述を検討しよう。『律蔵』「大品」は「梵天相応」[10]と並行する記述であるが，ここでは，この後に検討する『五分律』と『四分律』の考察に必要な範囲で引用しよう。

[18] Vinaya I 5,21–7,7:

(a) atha kho bhikkhave brahmā sahampati ekaṃsaṃ uttarāsaṅgaṃ karitvā yenāhaṃ ten' añjalim paṇāmetvā maṃ etad avoca: desetu bhante bhagavā dhammaṃ, desetu sugato dhammaṃ, santi sattā apparajakkhajātikā assavanatā dhammassa parihāyanti, bhavissanti dhammassa aññātāro ti.

(b) idam avoca brahmā sahampati. idaṃ vatvā athāparam etad avoca.

pāturahosi magadhesu pubbe | dhammo asuddho samalehi cintito |
avāpuretaṃ amatassa dvāraṃ | suṇantu dhammaṃ vimalenānubuddhaṃ ||
sele yathā pabbatamuddhani ṭhito | yathā pi passe janataṃ samantato |
tathūpamaṃ dhammamayaṃ sumedha | pāsādam āruyha samantacakkhu |
sokāvatiṇṇaṃ janatam apetasoko | avekkhassu jātijarābhibhūtan ti ||
uṭṭhehi vīra vijitasaṅgāma | satthavāha anaṇa vicara loke |
desetu bhagavā dhammam | aññātāro bhavissantī ti | ......

(c) atha kho bhagavā brahmuno ca ajjhesanaṃ viditvā sattesu ca kāruññataṃ paṭicca buddhacakkhunā lokaṃ volokesi. addasā kho bhagavā buddhacakkhunā lokaṃ volokento satte apparajakkhe mahārajakkhe tikkhindriye mudindriye svākāre dvākāre suviññāpaye duviññāpaye appekacce paralokavajjabhayadassāvino viharante. seyyathāpi nāma uppaliniyaṃ vā paduminiyaṃ vā puṇḍarīkiniyaṃ vā appekaccāni uppalāni vā padumāni vā puṇḍarīkāni vā udake jatāni udake saṃvaddhāni udakānuggatāni antonimuggaposīni. appekaccāni uppalāni vā padumāni vā puṇḍarikāni vā udake jātāni udake saṃvaddhāni samodakam ṭhitāni. appekaccāni uppalāni vā padumāni vā puṇḍarīkāni vā udake jātāni udake saṃvaddhāni udakā accuggamma tiṭṭhanti anupalittāni udakena.

(d) evam eva bhagavā buddhacakkhunā lokaṃ volokento addasa satte apparajakkhe mahārajakkhe tikkhindriye mudindriye svākāre dvākāre suviññāpaye duviññāpaye appekacce paralokavajjabhayadassāvino viharante.

(e) disvāna brahmānam sahampatiṃ gāthāya paccabhāsi. [a]......[a]

[19] (a)比丘たちよ，その時，梵天サハンパティは，一方の肩に上衣を着けてから，私に
合掌を差し向けて，私にこう言ったのである。「尊師よ，世尊は法をお説きください。善逝は法をお説きください。少塵を生まれとする (apparajakkhajātika) 衆生たちがいます。彼らは，法を聞かないことによって衰退します。法を了知するものになるでしょう」と。
(b) 梵天サハンパティは，こう言ったのである。こう言ってから，さらにこのように言ったのである。

「以前，マガダにおいて，有垢者たちによって考えられた不浄な法が明らかになった。不死への門を開けてください。離垢者によって悟られた法を聞いてください。

山頂の岩に立ったもののように，普く人々を見るように，そのように，賢者よ，普き眼をもつものよ，法からなる高楼に上ってから，憂いによって退けられ，生と老に征服された人々を，憂いが離れたお方，あなたはご覧ください。

お立ちください，勇者よ，戦勝者よ，隊商主よ，無債者よ，世間にお行きください。世尊は法をお説きください。了知するものとなるでしょう。」……

(c) その時，世尊は，梵天の懇請を知って，また，衆生に対して哀れみをもつものであることに縁って，仏眼によって世間を見た。実に，世尊は仏眼をもって世間を見つつ，衆生に，小塵のもの (apparajakkha)，大塵のもの，利根のもの，鈍根のもの，善い相をもつもの，悪い相をもつもの，教え易いもの，教え難いものたちがいて，またある人々は来世と罪過への恐れを見つつ住しているのを見た。たとえば，青蓮の池か紅蓮の池か白蓮の池において，ある諸の青蓮か諸の紅蓮か諸の白蓮が，水において生じ，水において生長し，水において上らず，水において没せず，またある諸の青蓮か諸の紅蓮か諸の白蓮が，水において生じ，水において生長し，水面のところで止まり，またある諸の青

蓮か諸の紅蓮か諸の白蓮が，水において生じ，水において生長し，水に上がって水によって汚されずに止まっている。

(d) 正にこのように世尊は仏眼をもって世間を見つつ，衆生に，小塵のもの，大塵のもの，利根のもの，鈍根のもの，善い相をもつもの，悪い相をもつもの，教え易いもの，教え難いものたちがいて，またある人々は来世と罪過への恐れを見つつ住しているのを見た。

(e) 見てから，世尊は，梵天サハンパティに偈によって答えた。*a*......*a*

この『律蔵』「大品」[18]は，下線部のように，三人称で記述される点を除いて「聖求経」[7]と同一の内容を伝えている。

なお，(b) の段の省略部分について，「聖求経」及び『相応部』に並行記事はないが，ここには「仏陀の説法躊躇」と「梵天の懇請」の第二回及び第三回が説かれている。しかし今は，仏陀の説法の動機に関して，特に (c) 段の下線部（＝「聖求経」[7]）に焦点を絞り考察を進めよう。

さて，『律蔵』「大品」[18]に対応する漢訳として，先ず化地部の『彌沙塞部和醯五分律』〔仏駄什，慧厳，竺道生訳，422–423年〕（以下『五分律』と略す）の記述を検討しよう。

[20]『五分律』T 22.1421: 103c24–104a9:

白仏言，惟願世尊，(1)哀愍衆生時為説法。自有衆生能受仏教。若不聞者便當退落。如是三返，復以此義説偈請仏，

先此摩竭界　常説雜穢法　願開甘露門　為演純浄義。

自我在梵宮　皆見古仏説　惟願今普眼　亦敷法堂教。

衆生沒憂悩　不離生老死　然多楽善者　願説戰勝法。

(2)爾時世尊黙然受之。即以仏眼普観世間，見諸衆生根有利鈍，有畏後世三悪道者，有能受法如大海者，有若蓮華萌芽在泥出水未出水不汚染者，而説偈言，

先恐徒疲労　不説甚深義　甘露今当開　一切皆応聞。

この『五分律』[20]が，『律蔵』と偈，散文ともよく一致することは阪本氏が既に指摘しておられるが[14]，下線を付した個所については問題が認められると思われる。先ず下線部(1)「哀愍」を含む一節において，梵天は世尊に法を説くよう懇請するが，ここには「哀愍」の語が認められる。このような「哀愍」の語の用いられ方は，「大本経」[14]において，「梵天の懇請」の言葉の中で述べられた「甚可哀愍。唯願世尊，以時敷演」と対応するものであろう。

しかるに，『五分律』[20]下線部(1)について，『律蔵』「大品」[18]においてその相当個所を求めるとすれば，それは一応 (a) の記述になるであろう。しかしそこには「哀愍」に相当する記述はなく，ただ「尊師よ，世尊は法をお説きください。善逝は法をお説きください。」という「梵天の懇請」があるだけなのである。またこの点は先に検討した「梵天相応」[10]，「大譬喩経」[13]，「聖求経」[16]においても同様である。従って，『五分律』[20]下線部(1)の「哀愍」も何らかの段階で付加されたであろうことが十分想定されるのである。

しかし，このような「哀愍」の観念が，先の「聖求経」[7]のように，仏陀自身から生じたと見なし得る内的な契機としてではなくて，『五分律』[20]において「梵天の懇請」の中で梵天の言葉によって外的な動機として語られていることは，この「哀愍」が最初から仏陀に直接的な連関をもつものとして導入されていないことを示す点で重要である。この導入部の後，『五分律』[20]下線部(2)において，「黙然して之を受けたまえり」と語られてから，ただ「仏眼をもって普く世間を観じた」と説明されているのである。その際，上に掲げたパーリ文献「聖求経」[7]，「梵天相応」[10]，「大譬喩経」[13]，『律蔵』「大品」[18]には明示されていた二つの動機，即ち，「梵天の懇請を知って」及び「衆生に対する哀れみをもつものであることに縁って」は示されていない。文脈上，仏陀は「梵天の懇請」を沈黙によって承認したと理解されるであろう。つまり仏陀が世間を観じた動機は，

---

14 阪本 1992，p. 71，註 4。

他ならぬ「梵天の懇請」であったと説かれていると思われる。

他方，所謂慈悲の動機に関して言えば，『五分律』[20]下線部(1)の「梵天の懇請」の中には確かに「哀愍」の語が含まれるが，しかし，仏陀が沈黙によって承認した内容に，この「哀愍」は必ずしも含まれていないのではないであろうか。というのも，その内容とは，直前の偈，即ち『五分律』[20]の「先此摩竭界……願説戰勝法」において示されるものであるが，この偈には，「哀愍」の動機が明示されていないからである。

また，『五分律』[20]下線部(1)の「哀愍」は，「梵天の懇請」の中で「説法」に関連付けられているものであり，パーリ文献に対応するような「仏眼をもって普く世間を観じた」ことの動機ではない点も，注意が必要であろう。即ち，パーリ文献では「仏眼をもって普く世間を観じた」ことについて所謂慈悲の動機が述べられるのであるが，それに対して，『五分律』では，「梵天の懇請」の中で衆生への「説法」について「哀愍」という語を用いて所謂慈悲の動機が述べられているのである。ここには明確な相違が認められるであろう。この点，「大本経」[14]でも同様である。

『五分律』[20]下線部(1)の「哀愍」は，すでに検討した通り，「梵天相応」[10]，「大譬喩経」[13]，「聖求経」[16]，『律蔵』「大品」[18]のパーリ文献にはその相当語句は確認されない。また，「大本経」[14]のように，「梵天の懇請」を受けてから仏眼で見た後で「甘露の法門」を「開演」する動機として表出される「愍れみ」は，『五分律』[20]では全く説かれない。

所謂慈悲を動機とする行為に関してこのような相違が認められる。私にはこの「哀愍」や「愍れみ」は，何か曖昧な観念としてテキストにおいて出ているように思われるのである。それは，梵天勧請という一致して承認され明確に示される動機とは性格を異にし，殆どその重要性を認められていないもののように思われる。従って，『五分律』[20]において「哀愍」の語によって示されるような所謂慈悲の動機の意義について疑問を認めざるを得ない。

しかるに，このような所謂慈悲の動機に対する問題は，『四分律』において鮮明に認められると思われる。

[21]『四分律』〔仏陀耶舍，竺仏念訳，410–412年〕T 22.1428: 787a12–787b4:

爾時梵天，復白仏言，世間大敗壊，今如来獲此正法，云何黙然不説，令世間不聞耶。唯願世尊，時演正法流布於世，世間亦有垢薄聰明衆生易度者。能滅不善法成就善法。爾時梵天，(1)説此語已，復説偈言，

摩竭雑垢穢　而仏従中生　願開甘露門　為衆生説法

爾時世尊，(2)受梵天勧請已，即以仏眼観察世間衆生，世間生，世間長，有少垢有多垢，利根鈍根，有易度有難度，畏後世罪，能滅不善法，成就善法。猶如憂鉢池，鉢頭池，拘牟頭池，分陀利池，憂鉢，鉢頭，拘牟頭，分陀利華。有初出地未出水，或有已出地与水斉，或有出水塵水不著。如来亦復如是。以仏眼観世間衆生。世間生，世間長，少垢多垢，利根鈍根，易度難度，畏後世罪，能滅不善法，成就善法。爾時世尊，即与梵天。而説此偈

梵天我告汝　今開甘露門　諸聞者信受　不為嬈故説　梵天微妙法　牟尼所得法。

この『四分律』[21]には，引用冒頭の散文と続く偈，及び下線部（2）のように「梵天勧請」の動機は認められるが，驚くべきことに所謂慈悲の動機は全く見出されない。『五分律』[20]のように「哀愍」の語が付加されているような形跡も認められない。テキストから判断して，所謂慈悲の動機を表す “ca ... sattesu ca kāruññataṃ paṭicca” の記述の相当漢訳語句を欠如している点で，これが「聖求経」[7]のようなパーリテキストによって伝えられるものより古い形を示していることが想定される[15]。

[15] 事実，阪本氏は『四分律』が『律蔵』よりも基本形に近いことを指摘しておられる。阪本 1992, p. 71, 註 4 参照。なお，阪本氏は，パーリ文献として『仏本行集経』『過去現在因果経』も挙げられる（p. 67）。それに基づき，テキストの当該個所を示せば次の通りである。

所謂慈悲の動機に関連して，L. シュミットハウゼン教授は次のように述べておられる。

> In den meisten (aber nicht allen) Versionen wird als zusätzliches Motiv das Mitgefühl oder Mitleid mit den Lebewesen genannt.[16]〔下線＝新井〕

即ち，齋藤直樹博士の訳によれば，「ほとんどの（しかし，すべてのではない）版のなかで，衆生にたいする同情または憐憫は補足的な動機として述べられている。」〔下線＝新井〕と述べられ，教授は特に「しかし，すべてのではない」の説明に註を付して『四分律』[21]に kāruññatā に相当する漢訳語句が見出されないこと指摘しておられる[17]。

パーリテキスト "brahmuno ca ajjhesanaṃ viditvā sattesu ca kāruññataṃ paṭicca buddhacakkhunā lokaṃ volokesi(m)" に相当する『四分律』[21]「受梵天勧請已，即以仏眼観察世間衆生」の記述を見ると，パーリテキストの下線部とは正確な対応を示しているように思われる。細部を見ても，'viditvā' の gerund（絶対分詞）の意味は，『五分律』[20]が 'viditvā' の gerund の意味を「即」だけによって訳す仕方であるのに対して，『四分律』[21]は「已，即」によって表現しており，より厳密であり，文意も鮮明であって，原テキストに忠実な訳をしているように思われるのである。

しかるに，その『四分律』[21]において，"ca ... sattesu ca kāruññataṃ paṭicca"

『過去現在因果経』〔求那跋陀羅訳，444–453 年頃〕T3.189: 643a13–22: 時梵天王等，乃至三請，爾時如来，至満七日，黙然受之。梵天王等，知仏受請，頭面礼足，各還所住。爾時世尊受梵王等請已，又於七日，而以仏眼，観諸衆生，上中下根，及諸煩悩，亦下中上，満二七日。〔kāruññatā 相当漢訳語なし。〕

『仏本行集経』〔闍那崛多訳，587–591 (592) 年〕T3.190: 806c11–12: 爾時世尊，聞梵天王勧請偈已，為衆生故，起慈悲心，以仏眼観一切諸世。

16 Schmithausen 2000, p. 120＝齋藤 2002, p. 73。

17 Schmithausen 2000, p. 120, fn. 4＝齋藤 2002, p. 87, 註 11。なお，教授は，『五分律』には『四分律』とは異なり「同情」の動機のみが説かれていると述べておられる。しかし，すでに本論で考察したように，『五分律』には明確な形で「同情」の動機は説かれていないように思われる。

の記述の相当漢訳語句が欠如しているという事実は，梵天勧請の伝説において，仏陀が自らの思いが説法へと傾いて行くこの状況では，“ca ... sattesu ca kāruññataṃ paṭicca” の動機は元々伝承されていなかったという事態を示していると考えられるであろう。従ってまた，このように示される kāruññatā の動機とは，仏陀が自らの思いが説法へと傾いて行く正にそのことにとって必要なものとされる根源的な何かとして認められていなかったことを意味しているであろう。少なくとも，その当時この kāruññatā の動機を，仏陀のそのような思いにとって根源的なものであると見なさなかった『四分律』を伝える法蔵部のような仏教徒が現に存在したということは確かであると思われる。

このように考えると，先の『五分律』[20]において認められた「哀愍」の曖昧さも，梵天勧請の伝説におけるこの状況において，kāruññatā の動機は元々伝承されていなかったか，もしくは「哀愍」の語が表されていることとは反対に，実際には重視されていなかったことに起因すると考えられるかもしれない。

先にシュミットハウゼン教授が「補足的な動機」と指摘するのも，理由の一つとしては，このような対応漢訳語句の欠如に基づくものかもしれない。しかるに，その一方で，教授は次のように指摘しておられる。

> 筆者はこのような他の動機にここでさらに立ちいることはせず，同情が，とくに仏陀において，教えを説くという決意の決定的な要因であったということを，ひとまず伝承のなかから取りだしてみようとおもう[18]。〔下線＝新井〕

この教授の説明は，「同情」が仏陀の説法の動機として「決定的な要因」であったことを指摘し得ると述べるものと考えられるから，先の「補足的な動機」という説明と矛盾するように思われる。しかし，これらの説明に

[18] Schmithausen 2000, p. 127＝齋藤 2002，p. 78。

おいて内在的に問題となるのは，仏教史の広がりにおいて，この「同情」，即ち kāruññatā の動機を「補足的な動機」と見なす人々と，「決定的な要因」と見なす人々とが存在したということであろう。即ち，部派の伝播及びその文献の伝承形態は重要な問題であるが，これらの記述だけから見れば，『四分律』[21]における kāruññatā に相当する漢訳語句の欠如は，パーリ文献，即ち「聖求経」[7]，「梵天相応」[10]，「大譬喩経」[13]，『律蔵』「大品」[18]における kāruññatā の動機の元々の欠如を（従って，kāruññatā を含むパーリテキストの一節の後代における付加を）示唆する[19]。それ故，『四分律』の原テキストの編纂者たちは元々 kāruññatā の動機を伝承していなかったことが推測されるのであるから，彼らは「仏眼をもって世間を見たこと」の動機として梵天勧請の伝説だけを仏教として信じていたであろう。

他方，『四分律』の原編纂者たちが，kāruññatā の語を伝承するような部派の学説や時代の潮流に抗い，kāruññatā の動機を仏教にそぐわないものとして編纂時に原テキストから削除したことも考えられるであろう。

あるいはまたもう一つの可能性として，『四分律』の漢訳者たちが，『四分律』の原テキストに kāruññatā の語が述べられていたにもかかわらず，漢訳の過程において欠落したか或いは意図的に kāruññatā の語を訳さなかったことも完全には排除できないであろう[20]。kāruññatā に相当する漢訳語

---

[19] なお，先に，シュミットハウゼン教授が主張された「補足的な動機」と齋藤直樹博士によって訳されたドイツ語原文は "zusätzliches Motiv" という語であるが，"zusätzlich" はまた「付加された」を意味する。即ち，私は，以下論じるように，当該漢訳個所におけるこの漢訳語の欠如と釈尊自身の成道に至るまでの事跡と思想に基づいて，"ca ...... sattesu ca kāruññataṃ paṭicca" の記述を後代の挿入句と考えているが，教授の指摘は既にこのような私の想定に先立って示唆されているかもしれない。

[20] 法蔵部所伝とされる『四分律』（410–412 年訳）は，同じく法蔵部所伝とされる『長阿含経』（412–413 年訳）と同じく仏陀耶舍と竺仏念による漢訳であるから，この漢訳者たちは梵天勧請の場面において，所謂慈悲の動機に関してこの二つの文献に相違があることに気付いていたことは十分に考えられるであろう。しかし，あくまで「大本経」[14]において，「哀愍」は「梵天の懇請」の中で導入されるものであり，仏

句の欠如に関しては，おおよそ以上のような問題が示唆されるであろう。

しかるに，実際，このように想定される所謂慈悲の動機の欠如は，釈尊自身の成道に至るまでの事跡，及び思想，少なくとも最初説法に慈悲や利他が認められないことと全く整合的に思われるのである。釈尊自身の成道に至るまでの事跡と思想に関して，高崎博士は次のように評価しておられる。やや長文となるが引用しておきたい。

> 他の有情（衆生）に対する心情が，さとりに向っての修行にとって，むしろ邪魔になるという考え方が，修行者たる比丘たちの間に強くなったということがあったかも知れない。同時に，仏の慈悲については，これと反比例して強調されるようになったようで，『倶舎論』など，北伝系の仏教では仏の不共功徳を十八種挙げる中に，「大悲」を加えている。いわば，他者への憐れみ，いたわりは，すべてブッダに下駄をあづけた恰好である。
>
> こうした傾向は，しかし，本来の仏教のあり方を逸脱しているとは

陀自身の動機として説かれているものではないことは既に見たと通りである。即ち，「大本経」[14]においても，仏眼をもって世間を見た動機というのは「梵天の懇請」のみであり，この点，パーリテキストと比較して明瞭に異なっている。また，『四分律』には kāruññatā の動機は全く認められない。しかし，kāruññatā の動機の問題に関して，化地部所伝とされる『五分律』には，「梵天の懇請」の中に「哀愍」が一応は述べられているが，仏眼をもって世間を見た動機は何かと言えば，それは正に「梵天の懇請」にほかならないのである。これらの相互の関係は考慮に値する重要な問題を提起しているであろう。即ち，同じ法蔵部所伝の『長阿含経』「大本経」と『四分律』の相違，及び『四分律』と『五分律』の相違は，所謂慈悲の観念に関して部派間に伝承もしくは見解の相違があったことを示唆するものであろう。

しかるに，『四分律』を伝える法蔵部は，歴史的に見て，『異部宗輪論』において，『五分律』を伝える化地部より派生したとされる部派である。もし，仏陀の最初説法の起点となる動機として「梵天の懇請」とともに確かに所謂慈悲があったと認められるならば，この『異部宗輪論』の歴史記述によって，化地部は所謂慈悲をその動機ではなく「梵天の懇請」に結び付ける点で，先行する諸部派に対して批判的もしくは独自の見解を有しており，他方，法蔵部はその慈悲さえも認めないという点でその化地部に対して批判的であるという関係を指摘できるかもしれない。

> 言い切れない。むしろ，釈尊による成道と開教の状況にその由来するところがあるものと見うけられる。すなわち，直接に釈尊の体験を反映しているとみられるパーリ聖典『中部』のうちの『聖求経』によると，釈尊は「聖（アリヤ）なるものの追求（パリエーサナ）」のために家を捨て，世間との関係を断った。その聖なる目標とは「不死・安穏なる涅槃」を求めるもので，釈尊は生老病死ある身に患いを知って，患いのない無上の安穏なる涅槃を得，そのことを自覚した。ここに至るまでの釈尊の心中には他者への思い，他者の利益を顧慮することは全く姿を現していない。他者のことがその心中に浮んだのは，この涅槃を得たとの自覚の直後のことであった。それもはじめは否定的な形で，自分の知ったことは甚深で，執われ（アーラヤ）を好むかれら衆生たちにはわかるまい，とするものであった。経典はそこに梵天の要請があって，釈尊がようやく，己れの悟ったこと（法）を人に説く決意をしたといい，それを「有情に対する悲愍によって」(sattākāruññatayā)」とだけ記している。しかも，バーラナシー郊外の鹿野園における最初説法で，釈尊が五比丘に説いたことは，「いま教えるとおりに修行すれば，出家の目的たる無上なる梵行の完成を，現世にあって実現するであろう」といって，修行者各人による涅槃の自得を教えるものであった。そこには慈悲とか利他の教えはない。利他といえば，有情への慈愍に根ざす釈尊の説法を措いてほかにない。これが仏教の〈原型〉である[21]。〔下線及び破線＝新井〕

高崎博士は，釈尊が悟りに至るまで，その心中に他者への思い，他者の利益を顧慮することが全く無いこと，また最初説法において説いた教えの中に慈悲や利他がないことを明瞭に指摘しておられる。これは，仏教の慈悲に関して批判的な評価を示す点で重要な指摘であると思われる。そして私は，仏陀の慈悲の出発点と見なされる諸テキストに関して上述した諸問

21 高崎 1992，p. 162-163。

題を認めているから，下線部の博士の指摘については博士と同意見である。

しかし私は，破線部のように，博士が「それを「有情に対する悲愍によって」(sattākāruññatayā)[22]」とだけ記している」，また「有情への慈愍に根ざす釈尊の説法」と述べておられることには同意できない。何故なら，『四分律』においては kāruññatā の動機は全く欠如しているからである。今日，仏陀の最初説法は慈悲に基づいてなされたと一般に認識されているが，しかし，この認識はおかしいのではないか。このような慈悲が説かれない伝承が伝えられているのである。

また，この関連で，津田真一博士は次のように述べておられる。

> 慈悲が grundlos である，とは，具体的に言えば，それが世界の本性と人間の本性のうちに根拠を有していないということ，さらに言えば，ブッダの人格のうちにも，ブッダの悟りそのもののうちにも存在的（オンティッシュ）な，そして存在論的（オントローギッシュ）な根拠を有していない，ということである。それは人間と世界に対して，外から来るもの，有名な「梵天の勧請」の説話が明瞭にそれを語る如く，ブッダ自身にとってすら，外から来たものなのである[23]。

これは，慈悲が仏陀の人格のうちに根拠を有せず，「外から来るもの」，とりわけ梵天勧請の伝説を引き合いに出し，それを「外から来たもの」であるとの分析が明晰に示された重要な指摘であると思われる。これに関して，私はすでに文献上，「大本経」[14]，『五分律』[20]において「哀愍」が「梵天の懇請」の言葉の中で導入されていることに基づいて，「哀愍」を外的な動機であると見なすと論じたが，博士が慈悲を「外から来るもの」「外から来たもの」，つまり外的な何かであると見なす点で，正に私見と

---

[22] “sattākāruññatayā” という複合語は，先に検討したパーリ文献において見出せない。しかし何故高崎博士が問題の語句をこのような複合語で表したのか疑問が残る。

[23] Cf. 津田真一「密教の世界」『岩波講座東洋思想第 10 巻インド仏教 3』岩波書店，1989 年，pp. 245-246。

合致するのである。

しかるに，今，私の観点から強調したいのは，現行パーリ文献において梵天勧請の動機とともに言及される慈悲の記述を前提した上で，それを「外から来るもの」「外から来たもの」であることと考察するというより，むしろ，そのような慈悲が『四分律』[21]には本来的には見出せないこと，そしてまたその見出せない理由は何かという点なのである。

私は，現段階で，『四分律』[21]における kāruññatā に相当する漢訳語句の欠如，及び釈尊自身の成道に至るまでの事跡と思想の評価に基づき，現行のパーリ文献における “ca ...... sattesu ca kāruññataṃ paṭicca” の記述を後代の挿入句と考えたい。この仮説は，釈尊自身に遡り得る伝承の中に，後代の仏教徒が所謂慈悲を主張する根拠がないこと示すものである。

しかるに，『四分律』[21]には kāruññatā に相当する漢訳語句の欠如が認められるけれども，パーリテキストでは，仏陀が「仏眼をもって見たこと」の動機として，“brahmuno ca ajjhesanaṃ viditvā” と “sattesu ca kāruññataṃ paṭicca” の二つの句が接続詞 ca で結ばれ並置されているのである。つまりパーリテキストによる限り，これらの二つの動機を示す句は，全く同じレヴェルにあるものと捉えられていると解釈されるであろう。

私は，“brahmuno ca ajjhesanaṃ viditvā” と “sattesu ca kāruññataṃ paṭicca” という gerund を含む二つの句が，接続詞 ca によって並置されていることにやはり違和感を覚えるのである。今，「聖求経」[7]の場合，本動詞 volokesim に先行する行為として，viditvā と paṭicca が gerund の形を取っているが，gerund とは基本的に，ある文において同一の行為者によってなされる二つの行為のうち，本動詞の行為に先行する行為を表すために用いられる動詞の用法とされる[24]。「聖求経」[7]において，viditvā と paṭicca という二つの gerund によって表される行為の中，第一の gerund である viditvā は，本動詞 volokesim に先行しその本動詞の主語によって表される同一の行為者による行為，即ち「知ってから」の意味を明瞭に示している。

---

[24] 辻直四郎『サンスクリット文法』岩波書店，1974 年，p. 305 参照。

しかし，第二の paṭicca は，本動詞 volokesim（及び第一の gerund である viditvā）の行為者によってなされる行為を示すものではなく，語の形および意味から見て，「を縁として」「を原因として」というように副詞的に用いられていることは明らかであろう。

しかるに，私が疑問に思うのは，このような異なる形と内容をもつ gerund を含む二つの句が，接続詞 ca ... ca によって結び付けられて，本動詞に先行する或る同一の時点において行為がなされることを示すというようなことが一体考え得るのかということなのである。即ち，「梵天の懇請を知って」，かつ同時に「衆生に対して哀れみをもつものであることに縁って」，「仏眼によって世間を見た」と解釈し，「仏眼によって世間を見た」動機として，「梵天の懇請を知って」と「衆生に対して哀れみをもつものであることに縁って」の二つを同じレヴェルで認める解釈である。しかし，これらの二つの句には，本動詞と同じ行為者の行為と，及び副詞的な用法とをそれぞれ表す点で，このような同時性もしくは同等性は認め難いのではないだろうか[25]。近代の研究における解釈をみてみよう。

---

[25] 考察の中で疑問に感じたことを敢えて付記したい。まさかと思われるような解釈かもしれないが，「聖求経」[7]において，kāruññatā の抽象名詞と属格 brahmuno の結び付きから，brahmuno を sattesu にも掛かるものとしてと解釈し，“梵天の懇請を知って，かつ (ca ... ca),〔梵天の〕衆生に対する哀れみに縁って，仏眼によって世間を見た”と読むことができることに気がついた。この読解は考え難いことかもしれないのであるが，しかし，先に考察した「大本経」[14]や『五分律』[20]のように「哀愍」が「梵天の懇請」の言葉の中で表出されることを考えると，これも一つの解釈の可能性としては認められるのではないだろうか。というのも，この梵天こそ，“sahaṃpati” 即ち「娑婆世界の主」として，「ああ！友よ！世間は無くなってしまう。ああ！友よ！世間は消滅してしまう。(nassati vata bho loko, vinassati vata bho loko. [*Vinaya* I: 5,15])」と言って恐れを表明し，世界が滅ばないことを願っているであろうからである。この思いこそ，他者に対する心情として所謂慈悲なる観念に相応しいものであるとは言えないだろうか。しかし，このような読解が仏教史においてなされたかどうかは分からない。また，この場合でも接続詞 ca を必ずしも整合的に理解できるわけではない。私は，まだどうしても縁起，そしてそれを悟った仏陀と，慈悲との関係を審らかにしないのである。

〔干潟龍祥訳[26]〕比丘達，是に予は梵天の懇願を知り，及，有情に対する慈愍によりて，仏眼を以て世間を熟視せり。〔下線＝新井。以下同じ。〕

〔赤沼智善訳[27]〕時に世尊は梵天の勧請を知ると共に，衆生に対する哀憐に依りて，仏眼を以て世間を眺め給へり。

〔平等通昭訳[28]〕こゝに，比丘達よ，毘婆尸世尊・阿羅漢・正等覚者は梵天の勧請を知りて，衆生に対する慈愍の故に，仏眼もて世界を見渡し給へり。

〔渡邊照宏訳[29]〕時に世尊は梵天の勧請を知り，及び有情を哀愍するに縁りて仏眼を以て世間を観察したまへり。

〔Rhys Davids and Oldenberg訳[30]〕Then the Blessed One, when he had heard Brahmā's solicitation, looked, full of compassion towards sentient beings, over the world, with his (all-perceiving) eye of a Buddha.

〔Bareau訳[31]〕Alors, en vérité, ô moines, ayant connu la requête de Brahmā, par compassion envers les êtres j'examinai le monde à l'aide de l'œil du Buddha.

〔Walshe訳[32]〕Then the Lord Buddha Vipassī, recognising Brahma's appeal and moved by compassion for beings, surveyed the world with his Buddha-eye.

26『南伝大蔵経』第 9 巻中部経典，大蔵出版，1935 年，p. 303。

27『南伝大蔵経』第 12 巻相応部経典，大蔵出版，1937 年，p. 236。

28『南伝大蔵経』第 6 巻長部経典，大蔵出版，1935 年，p. 407。

29『南伝大蔵経』第 3 巻律蔵三，大蔵出版，1938 年，p. 11。

30 *Vinaya Texts, Translated from Pāli*, *Part I The Pâtimokkha The Mahâvagga*, translated by T. W. Rhys Davids and Hermann Oldenberg, Oxford, The Clarendon Press, 1881: 87.

31 André Bareau, *Recherches sur la biographie du Buddha dans les Sūtrapiṭaka et les Vinayapiṭaka anciens: I. De la quête de l'Éveil à la conversion de Śāriputra et Maudgalyāyana*, Paris, Publications de École française d'Extrême-Orient, vol. 53, 1963, p. 136.

32 *The Long Discourses of the Buddha: A Translation of the Digha Nikaya*, translated by Maurice Walshe, Boston, Wisdom Publications, 1987, p. 214.

〔Ñanamoli and Bodhi訳[33]〕Then I listened to the Brahma's pleading, and out of compassion for beings I surveyed the world with the eye of a Buddha.

〔Maitrimurti and Trätow訳[34]〕Da erkannte der Erhabene den Wunsch des Brahma, und aufgrund des Mitleids mit den Wesen betrachtete der Erhabene mit dem Buddha-Auge die Welt.

これらの飜訳で接続詞 ca ... ca の解釈について，日本語訳では「及び」「共に」という訳によって二つの句が同じレヴェルにあるものと理解されているようである。Walshe訳，及びÑanamoli and Bodhi訳では and で，Maitrimurti and Trätow訳では und と訳されているが，その and や und の意味が，同時性を示すのか，あるいは連続性や結果を示すものなのかという点については，Rhys Davids and Oldenberg訳とBareau訳のような明瞭な解釈を示したものではないように思われる。即ち，'viditvā' の gerund の意味が，Rhys Davids and Oldenberg訳では when he had heard，Bareau訳では ayant connu と訳され，"梵天の懇請を知った後で，哀れみによって，世間を見た" と理解されるとすれば，仏眼をもって見たことに先行する行為であることが明瞭に示された訳であろう。ただし，ここで接続詞 ca ... ca は逐語的には訳されていないように思われる。接続詞 ca ... ca は訳語に反映されないのかもしれない。そうであるとすれば，この場合すでに 'viditvā' によってすでに gerund の意味が示されているわけであるから，接続詞 ca は必ずしも必要ではないのではないだろうか。しかし，ここでは 'ca ... ca' の形で強調されているのである。即ち，この近代の二つの訳が 'viditvā' を仏眼をもって見た (looked, examinai) ことに先行する行為であると解釈する点には同意するのであるが，私が問題とするのは，'ca ... ca' によって結ばれて

33　*The Middle Length Discourses of the Buddha: A New Translation of the Majjhima Nikaya*, translated by Bhikkhu Ñanamoli and Bhikkhu Bodhi, Boston, Wisdom Publications, 1995, p. 261.

34　*Das Mahāvagga des Vinayapiṭaka*, übersetzt aus dem Pāli von Maitrimurti, Thomas Trätow; Überarbeitetet und ergänzt von Santuṭṭho, Berlin, Michael Zeh Verlag, 2007, p. 28.

いる ‘viditvā’ と “sattesu ... kāruññataṃ paṭicca” の句の時間的先後関係なのである。換言すれば，「仏眼をもって見た」ことについての本質的，もしくは決定的動機は何であるのかということなのである。この二つの句の時間的先後関係に関して言えば，この近代の二つの訳では，確かに「梵天の懇請」が先行するように見えるが，しかし，先に「梵天の懇請」を知ったからと言って，それと kāruññatā の動機が結び付いているとは必ずしも言えないと思われる。これが “sattesu ... kāruññataṃ paṭicca” の句が副詞句であるという理由によるのかどうかわからない。しかし，たとえ副詞句であっても，“brahmuno ... ajjhesanaṃ viditvā” との間には，厳密な時間的先後関係が問われるべきであると思われるのである。

しかるに，このような不合理性を認めたためかどうか，説一切有部において伝承される梵天勧請の伝説には，パーリ文献による伝承との相違が認められるのである。即ち，説一切有部による伝承では，仏眼によって世間を見た直接的な動機を「正に自ら (svayam eva)」とし，法を説いた動機を「大悲 (mahākaruṇā)」として，これらの二つの動機を鮮明に区別して，ここに時間的先後関係を明らかにしているように思われるのである。今，梵天勧請の伝説を伝える *Dīrghāgama,*「四衆経」*Catuṣpariṣatsūtra* (CPS) と対応漢訳『衆許摩訶帝経』〔宋・法賢訳〕，及び *Mūlasarvāstivādin Vinaya, Saṅghabhedavastu* (Saṅghabh) と対応漢訳『根本説一切有部毘奈耶破僧事』（『破僧事』）〔唐・義浄訳〕の記述，「四衆経」に基づく私の訳を順次掲げれば次の通りである。

[22] CPS 116–118 (= 441,18–442,4):

atha bhagavata etad abhavad yannv aham <u>svayam eva</u> buddhacakṣuṣā lokaṃ vyavalokayeyaṃ adrākṣīd bhagavāṃ <u>svayam eva</u> buddhacakṣuṣā lokaṃ vyavalokayaṃ saṃti satvā loke jātāḥ loke vṛddhās tīkṣṇendriyā api madhyendriyā api mṛdvindriyā api | svākārāḥ suvineyāḥ alparajasaḥ alparajaskajātīyāḥ ye aśravaṇād dharmasya parihīyaṃte | dṛṣṭvā ca punar asya mahākaruṇā satveṣv avakrāṃtā | atha bhagavāṃs tasyāṃ velāyāṃ gāthāṃ babhāṣe |

avāvariṣye aṃrtasya dvāraṃ ye śrotukāmāḥ pramodantu śrāddhāḥ |

viheṭhaprekṣī pracuraṃ na bhāṣe dharmaṃ praṇītaṃ manujeṣu brahman ||

[23]『仏説衆許摩訶帝経』T 3.191: 953a14–22:

爾時世尊，受於梵王慇勤勧請已，黙而許之。遂以仏眼，審諦観察世間衆生，世間生世間老，鈍根者利根者，乃至於中下，顔貌之好醜，易化與難化，少塵極少塵，如是衆生等。我若不為説種種之妙法。不知諸苦本。悉趣於沈墜。世尊，如是観察知已，而起大悲将演妙法，先説偈言

我今降法甘露雨　當潤楽聞及一切　従此人間得法因　若見弊魔不広説

[24] Saṅghabh 129,28–130,11:

atha bhagavata etad abhavat: yac cāham svayam eva buddhacakṣuṣā lokaṃ vyavalokayeyem iti; atha bhagavān svayam eva buddhacakṣuṣā lokaṃ vyavalokayati; adrakṣīd bhagavān svayam eva buddhacakṣuṣā lokaṃ vyavalokayan santi sattvā loke jātā, loke vṛddhās, tīkṣṇendriyā api, madhyendriyā api, mṛdvindriyā api, svākārāḥ, suvineyāḥ, alparajaso ’lparajaskajātīyā, ye ’śravanāt saddharmasya parihīyante; dṛṣṭvā ca punar asya sattveṣu mahākaruṇā ’vakrāntā; atha bhagavāṃs tasyāṃ velāyāṃ gāthāṃ bhāṣate

apāvariṣye amṛtasya dvāraṃ ye śrotukāmāḥ praṇudantu kāṅkṣāḥ |

viheṭhaprekṣī pracuran na bhāṣe dharmaṃ praṇītaṃ manujeṣu brahman ||

[25]『破僧事』T 24.1450: 126c17–24:

爾時世尊，聞是請已，便作是念，我以仏眼観彼衆生性差別不。作是念已，即以仏眼観見有情，或生或老，然其根性有上中下，利鈍不同，形相端厳性行調順，少諸煩惑，亦少煩惑種類，由不聴正法故，所解狹劣。爾時世尊，即於有情起大悲心，而説頌曰

若有於法深楽聴　我即當開甘露門　如其譏慢自輕人　大梵我終不

為説

[26] その時，世尊にこのような思いが生じた。「私は，<u>正に自ら</u> (svayam eva) 仏眼によって世間を見るであろう」。世尊は，<u>正に自ら</u> (svayam eva) 仏眼によって世間を見つつ，世間において生じた衆生，世間において老いたもの，利根のものも中根のものも鈍根のものもいて，善い相をもつもの (svākāra)，教え易いもの (suvineya)，小塵のもの (alparajas)，小塵を生まれとするもの (alparajaskajātīya) たちは，法を聞かないことに基づいて，棄てられる (parihīyante)。また，さらにこれを見てから，<u>衆生に大悲 (mahākaruṇā) が入った (avakrānta)</u>[35]。さて，その時，世尊は偈によって説かれた。

聞こうと欲するもの (śrotukāma) たち，〔彼らに私は〕不死への門を開いた。彼等は信を発せ。害を見て (viheṭhaprekṣin)，多くの勝れた法を私は人々に説かなかった。梵天よ。

これらの四つの記述[22]–[25]において，「梵天の懇請」を受けてから，仏眼によって世間を見てから，衆生に対して「大悲」もしくは「大悲心」を起こして法を説くという趣旨は一貫している。それ故，「梵天の懇請」と「大悲」は区別されているから，これらの四つの記述において，先に私がパーリ文献において指摘した二つの動機の同時性，もしくは同等性の矛盾は解消していると見なすことができるであろう。しかし，すでに見た通り，『五分律』[20]，『四分律』[21]の当該個所においては，このような「大悲」もしくは「大悲心」に相当する語は欠けているのである。従って，「四衆経」[22]とSaṅghabh [24]における“mahākaruṇā”，『衆許摩訶帝経』[23]における「大悲」，『破僧事』[25]における「大悲心」は何らかの改変を受けていることが推測される。また，“mahā” や“大”という語が冠せられた語を用いていること自体，パーリテキストの kāruññatā と比較して，文献上後代の発展した段階を示すものかもしれない。

35「衆生に対して大悲が生じた」の意で理解したが，直訳のままにした。

しかるに，問題なのは，すでに言及したとおり，「四衆経」[22]，Saṅghabh [24]を見ると，「聖求経」[7]の kāruññatā に相当する記述が説かれていない代わりに，そこには「正に自ら (svayam eva)」の記述が認められるのである。先に私は，『五分律』[20]に関して，「哀愍」が仏陀からみて外的な動機として導入されたと述べたが，この「正に自ら」の記述は，このような外的な動機付けに対して，仏陀が世間を見た動機を仏陀自身から生じる内的な動機に帰そうとする一つの試みのように思われる。そしてそれ自体，「梵天の懇請」を kāruññatā と同等の動機と見なすあり方に対する批判となっているであろう。しかし，すでに見た通り，「正に自ら」の記述が他の並行文献に出ているわけではない。

しかるに，パーリ文献において，「梵天の懇請」が仏陀自身から見て外的な動機であるのに対して，「衆生に対して哀れみをもつものであること」が仏陀の内的な動機を示すものであると見なすことができるならば，これらの二つの動機は，同じレヴェルにあるものではなく，相互に相容れないものであると思われる。従って，これらの二つの動機が接続詞 ca ... ca によって結び付けられていることには不合理を認めざるを得ない。

仮に接続詞 ca ... ca を欠いた形でこれらの二つの句が記述されているならば，ここに時間的先後関係が明瞭に認められ，整合的に解釈できるであろう。即ち，先ず「梵天の懇請を知ってから」，その後「衆生に対して哀れみをもつものであることに縁って」「仏眼によって世間を見た」という解釈である。この解釈によれば，「仏眼によって世間を見た」根源的な動機は「梵天の懇請」であり，「衆生に対して哀れみをもつものであること」とは，副次的もしくは従属的な動機を表すものとなるであろう。それ故，もしこの解釈が成り立つならば，この「聖求経」[7]において，むしろ接続詞 ca ... ca は不要であり，二つの句が列記されるのみでよいと思われるのである。

以上のように考えて，「聖求経」において，同一文中に二つの gerund と接続詞 ca ... ca が関連付けられている個所を探ってみたが，このような二つの gerund と接続詞 ca ... ca が並置された記述は見出せないようである。しかしその同じ「聖求経」において，接続詞 ca ... ca を文中に有せずに gerund の形を取る語のみが列記されて時間的先後関係を示す記述として，たとえば次のような例を挙げることができるであろう。

[27] APS 163,37–164,2: viharat' āyasmā, tādiso ayaṃ dhammo yattha viññū puriso nacirass' eva sakaṃ ācariyakaṃ sayaṃ abhiññā sacchikatvā upasampajja vihareyyāti.
[28] 尊者よ，お住みなさい。この法は，賢者は間もなく，そこにおいて自己の師を自ら知って，目の当たりにし，成就して (abhiññā sacchikatvā upasampajja)，住むことができる，そのようなものである」と。

[29] APS 166,32–34: so kho ahaṃ bhikkhave taṃ dhammaṃ analaṅkaritvā tasmā dhammā nibbijjāpakkamiṃ.
[30] そこで比丘たちよ, 私は, その法に満足しないで (analaṅkaritvā), その法を嫌厭して (nibbijja)，立ち去ったのである。

[31] APS 169,28–30: atha kho bhikkhave brahmā sahampati: katāvakāso kho 'mhi bhagavatā dhammadesanāyāti maṃ abhivādetvā padakkhiṇaṃ katvā tatth' ev' antaradhāyi.
[32] さて, 比丘たちよ, 梵天サハンパティ (brahmā sahampati) は,「世尊によって法説のための機会が作られた」というわけで，私を礼拝してから (abhivādetvā), 右回りをして (katvā), まさにそこにおいて消え去った。

これらの三つの記述はいずれも接続詞 ca ... ca を有せずに gerund が列記されたものである。とりわけ「聖求経」[31]においては，そのような時間的な先後関係が明瞭に示されているであろう。

「聖求経」におけるこのような gerund の用法は，「聖求経」[7]における二つの gerund と接続詞 ca が並置される形が不自然なものであることを鮮明に示していると思われる。従って私はこれらの用例から得られる gerund の用法は，“ca ...... sattesu ca kāruññataṃ paṭicca” の句が，元々の伝承に存在せず，後代の挿入であったことの補助的な，しかし重要な論拠を示しているのではないかと考えるのである。

また，上述したように，近代の研究によっても，仏伝の記事に基づいて，仏陀が成道する時まで他者に対する顧慮がなかったことが知られるのであるから，『四分律』[21]の当該個所のように，kāruññatā の動機は元々伝承されていなかったという可能性は当然想定されるであろう。

それ故，私は，既に『四分律』[21]における kāruññatā に相当する漢訳語句の欠如，及び釈尊自身の成道に至るまでの事跡と思想の評価に基づき，“ca ...... sattesu ca kāruññataṃ paṭicca” の記述を後代の挿入句とみなす私見を述べたが，さらに，この gerund と接続詞 ca ... ca の不適切な用法を論拠として，「聖求経」[7]の基礎伝承の形として，“atha khvāhaṃ bhikkhave brahmuno ajjhesanaṃ viditvā buddhacakkhunā lokaṃ volokesim.” のようなものを想定しておきたい。この私の想定が正しければ，『四分律』[21]の記述のように，「仏眼によって世間を見たこと」の動機である kāruññatā なしに，「梵天の懇請を知ってから」という根源的な動機だけで，「仏眼をもって世間を見たこと」の動機を示すには十分であること，そして，kāruññatā の動機がなくとも仏教は開教されることが意味されると思われる。従って，我々はここに，釈尊自身に遡りうる伝承の中に，後代の仏教徒が所謂慈悲を主張する根拠がないことを認めざるを得ない。

第４節　kāruññatā の付加について

しかし他方で問題となるのは，「聖求経」[7]に，gerund と接続詞 ca ... ca の不適切な用法の問題が認められるにもかかわらず，kāruññatā の動機が付加された理由であると思われる。つまり仏教思想史上，何故，後代の仏教徒が「聖求経」[7]において “ca ...... sattesu ca kāruññataṃ paṭicca” の語句を付加したのかが問われなければならないであろう。

前節で私は，“ca ...... sattesu ca kāruññataṃ paṭicca” の句について，対応漢訳の欠如に加え，「聖求経」[7]において二つの gerund と接続詞 ca ... ca が結び付けられている用法が不適切，もしくは不自然である点を指摘した。テキストの伝承と漢訳の形態は推測するほかないものであるが，少なくとも『四分律』[21]の当該個所においては kāruññatā に相当する対応漢訳語を見出すことはできない。この事実は非常に重い。即ち，漢訳『四分律』は梵天勧請の伝説だけを仏陀の最初説法の起点と捉えており，所謂慈悲を全くその要因と見なしていない。

しかるに，“ca ...... sattesu ca kāruññataṃ paṭicca” の句を挿入したパーリテキストの伝承者たちは，「仏眼をもって世間を見たこと」の動機を伝える梵天勧請の伝説に対して思索をなした結果，たとえ不自然な形であっても，（あるいは敢えて不自然な形によって，従ってこの場合は，痛切な批判的意識を敢えて示すことを目的として）この句を挿入したのではないかと考えることもできると思われる。

先に私は，接続詞 ca ... ca の不適切な，あるいは不自然な用法と，その二つの内容の矛盾に言及した時，この接続詞 ca ... ca を通常の用法で and の意味で解釈していた。しかし，この二つの句の内容が相容れないものであるならば，むしろ「梵天の懇請」に対して対照的な意味を表すものとして，接続詞 ca ... ca を “though-yet”[36]の意味で解釈し，“sattesu ca kāruññataṃ

---

[36] Monier-Williams, M., *A Sanskṛit-English Dictionary* (Oxford 1872), p. 380 の “ca” の項目において “*ca-ca*, though-yet” の意味が示される。サンスクリットの用法である

paṭicca” の句は，“brahmuno ca ajjhesanaṃ viditvā” の句の内容に対して否定的な意義を担っているものと解釈することができるのではないだろうか。即ち，「梵天の懇請」を否定的に見なし，正に「衆生に対して哀れみをもつものであること」を「仏眼をもって世間を見たこと」の動機として主張するという解釈である。では，何故彼らはこのように批判したのか。この付加をなした仏教徒が，もし誠実さをもって自己の信を問うているならば，梵天勧請の伝説だけが動機とされていることやそれが流布する状況に疑問を認識し，仏陀の哀れみを切に冀ったからであろうと思われる。この解釈に基づくならば，「聖求経」[7]は一応次のように訳されるであろう。

〔新井試訳〕さて，比丘たちよ，その時，私は，梵天の懇請を知って (ajjhesanaṃ viditvā) ではあるけれども，それでも (ca ... ca)，衆生に対して哀れみをもつものであることに縁って (kāruññataṃ paṭicca)，仏眼によって世間を見た。

以上は私見であり，本当はこのように訳すのが正しいのかどうかもわからない。日本語としてもぎこちないが，それは原文の，とりわけca ... caの正確な意味を問うた結果である。

しかるに，この kāruññatā の語の付加は，私の考えでは或る特別な意図のもとになされたのである。kāruññatā の語について，桜部建博士は1972年

が，その出典として指示されるカーリダーサの *Vikramorvaśī* II 9 の用例を示せば次の通りである。

na sulabhā sakalendumukhī ca sā kim api cedam anaṅgaviceṣṭitam |
abhimukhīṣv iva kāṅkṣitasiddhiṣu vrajati nirvṛtim ekapade manaḥ || [*Vikr* 35,5-8]
満月のような容貌をもつ彼女は得るのは容易でないけれども，なお，それでも (ca ... kim api ca)，このアナンガの行為 (anaṅgaviceṣṭita) がある。望まれたものの成就が現前するときのように，心はすぐに寂静に行く。

ここには，ca ... ca によって示される内容のうち，第一の ca をもつ “na sulabhā sakalendumukhī ca sā” においては否定されるべき事柄が，それに対して第二の ca をもつ “cedam anaṅgaviceṣṭitam” において，第一の内容とは反対の，肯定されるべき望ましい事柄が述べられていると思われる。

の論文「karuṇā, mahākaruṇā, 大悲」において，karuṇā よりの派生語に関連して次のように指摘しておられる。

> 中性名詞 kāruñña は一般に「あわれみ」「慈悲」「おもいやり」の意で，anudayā, anukampā などと類語 (A iii 189) であるが，それに -tā を附した女性名詞 kāruññatā は，sattesu *or* sabbasattesu kāruññatā （衆生に対する，あるいは，すべての衆生に対する，悲愍の念）として，特に仏のみに関して用いられる (D ii 38, M i 169, S i 138, Bv p.1)。仏以外の存在について，一般的な「あわれみの念」といったほどの意で，この語が用いられる場合はまず見当たらないようである[37]。〔下線＝新井〕

kāruññatā の語は，厳密に言えば女性抽象名詞と言われるべきであるが，この桜部博士の指摘は重要である。即ち，ここに挙げられた kāruññatā の語の四例 (D ii 38, M i 169, S i 138, Bv p.1) は順次，上掲「大譬喩経」[13]，「聖求経」[7]，「梵天相応」[10]，そして *Buddhavaṃsa*[38]のものであり，そして，kāruññatā の語の例はおそらくパーリ経蔵五部のこの四例と，先に掲げた『律蔵』「大品」[18]，及び前註7に引用した『律蔵』「小品」の記述を合わせた六例だけなのである。これは，-tā の接尾辞を持つ女性抽象名詞 kāruññatā が，中性名詞 kāruñña とは異なった特別な術語として用いられ

---

37 桜部 1972, pp. 126-127。

38『小部』「仏種姓経」*Buddhavaṃsa* の記述は次の通りである (*The Buddhavaṃsa*, PTS 1882: 1):

> sampannavijjācaraṇassa tādino jutindharass' antimadehadhārino |
> tathāgatass' appaṭipuggalassa uppajji kāruññatā sabbasatte ||1.2||
> 明知と徳行を有し，輝きを具え，最後の身を持つ，そのような如来に，一切衆生に対して哀れみをもつものであることが生じた。

ただし，この例は kāruññātā が paṭicca とともに用いられず，仏陀が仏眼をもって世間を見た場合の動機に関わるものではないため，他のパーリ経蔵の三例に較べれば副次的な用例かもしれない。また，前註 7 に引用した『律蔵』「小品」の記述についても，仏陀に関連付けられていない点で，別の問題が認められるように思われる。

ており，それ故，桜部博士が述べておられるように，仏陀に関して用いられるある特別な性質もしくは心情を表す概念を示すものであろう[39]。それ故，女性抽象名詞 kāruññatā を含む句を付加した仏教徒たちはこの挿入句によってある特別な性質を表す概念を示すために，「聖求経」[7]，『相応部』[10]，『長部』[13]，『律蔵』[18]にこの kāruññatā を含む句を付加したのではないかと思われるのである。

また，kāruñña の語について，Aronson は次のように述べている。

> *Kāruñña* is never qualified or contextualized in the discourses or commentaries in a way that would indicate that it is a meditative term associated with a specific, cultivated level of concentration[18]. It is not a technical term. Thus, the translation equivalent "simple compassion" has been chosen for it.[40]

即ち，"*kāruñña* は，特定の，高められた集中の段階と結びついた瞑想の術語であるということを示すように，教説あるいは註釈において，限定されるか，あるいは文脈に応じて解釈可能なものとされることは決してないのである〔原註１８〕。それは専門的な術語ではない。従って，それに対応する「純粋な同情」という訳が選ばれたのである。"と述べて，kāruñña の語が禅定に関わる概念を表すような術語ではなく，従って「純粋な同情」と訳されたことを説明している[41]。Aronson の論述で，kāruñña が禅定に関わらない

---

[39] この点，シュミットハウゼン教授も，「後代の諸文献においては，保守的な学派のものもふくめて，仏陀のこの同情〔kāruññātā＝新井註〕はしばしば「偉大なる憐愍」(mahākaruṇā) として，日常的な同情と区別されるばかりでなく，「声聞」(śrāvaka, すなわち，古来の保守的な救済の道を信奉するもの）が「無量」(apramāṇa [...]) の一つとして修習するような憐憫ともちがうものと見なされる。」と述べられ，kāruññātā を日常的な同情や「四無量」の「憐憫」即ち，karuṇā と区別しておられる。Cf. Schmithausen 2000a, p. 437＝齋藤 2003，pp. 71-72。

[40] Aronson 前掲書（前註 9），p. 20。

[41] ただし，"simple compassion" という英訳も必ずしも理解し易いものではないかも

ものであることはその通りであろう。

ただ，私が疑問に思うのは，Aronson は原註18の論述において kāruñña と kāruññatā の用例を一括して指示し，これらの二つの語のうち，kāruññatā の語が接尾辞 -tā をもつ抽象名詞であるという点で kāruñña と相違があることには注意を払っていないようなのである。しかし，パーリ文献においては，抽象名詞であることは問題とならないのであろうか。

桜部博士や Aronson が指摘するように，kāruñña の語義に関して，kāruññaṃ paṭicca という用例が確認されるから[42]，パーリの表現としても，paṭicca の語法上の問題から kāruññatā という抽象名詞を取る必要があったわけではないと思われる。他方，kāruñña は paṭicca を伴わない形で，何らかの行動を促す「哀れみ」を表す用例が見出されるようである[43]。これは次のようなことを示しているかもしれない。即ち，パーリ文献において kāruñña の語がもつ通常の言葉遣いの観点からの意味と，梵天勧請の伝説において，抽象名詞である kāruññatā の語に与えられている高い概念性は異なった質を持つ。つまり通常の言葉遣いである「哀れみ (kāruñña)」と，

しれない。というのも，“simple” が「単純な」「純粋な」「まったくの」というような意味なのかどうかあまり判然としないけれども，いずれにしても compassion の何らかの程度を表しているものに過ぎないように思われるからである。これに対して私の理解が異なるのは，それが仏陀に対する規定性を持つ概念であることを明示している点である。

なお，この語義に関して，前註 7 を参照されたい。

42 Cf. *Jātaka* (Fausbøll ed., vol. 1, 75. Maccha-jātaka) 330,32–33: kāruññaṃ paṭicca mahājanaṃ dukkhā mocessāmīti.「多くの人々を苦から〔私は〕脱れさせるであろうと，哀れみに縁って」。

43 Cf. *Jātaka* (Fausbøll ed., vol. 1, 18. Matakabhatta-jātaka) 166,24–27: puna ayaṃ brāhmaṇo maṃ ghātetvā mayā laddhaṃ dukkhaṃ labhissasīti brāhmaṇe kāruññaṃ uppādetvā mahantena saddena parodi.「さらに，このバラモンは私を殺してから，私が得た苦を得るであろうと，バラモンに対して哀れみを起こして，大きな声で泣いた。」また，次の例を挙げておく。Cf. *Jātaka* (Fausbøll ed., vol. 1, 72. Sīlavanāga-jātaka) 320,8–10: bodhisatto tassa taṃ balavaparidevitaṃ sutvā imaṃ purisaṃ dukkhā mocessāmīti kāruññena codito tassa santikaṃ agamāsi.「菩薩は，彼のその強い嘆きを聞いて，この人を苦から脱れさせるであろうと，哀れみによって促されて，彼の方に行った。」

抽象名詞として高次の概念性を獲得した「哀れみをもつものであること(kāruññatā)」は，仏教思想において異なった言葉遣いとして文献に現れているのである。それ故，「哀れみをもつものであること (kāruññatā)」の語を含む挿入句を付加した仏教徒たちは，通常の言葉遣いで「哀れみ」を表す kāruñña と区別し，かつ「四無量」の karuṇā とも区別することを意図して，正に抽象名詞である kāruññatā の語を含む挿入句を「聖求経」[7]，「梵天相応」[10]，「大譬喩経」[13]，『律蔵』「大品」[18]に付加したのではないかと考えられる。そしてその意義は，私の理解では，「聖求経」[7]の kāruññātaṃ paṭicca を「哀れみをもつものであることを原因として」と解釈することによって，仏陀に対する規定性と動機を表すことであったと思われる。

しかるに，この kāruññatā の語の高い概念性は，本論で取り扱う anukampām upādāya によって表される意味と同じであろうか。即ち，『根本中頌』「最終偈」で仏陀に関連付けられる anukampām upādāya が「憐愍を取り入れて」，即ち「憐愍を根拠として」というように，素材，土台を意味する用法によって，仏陀に対する規定性と動機を表していると言えるであろうか。

anukampam upādāya という表現は「聖求経」冒頭において，世尊に対するアーナンダの言葉として次のように見出される。パーリテキストと対応漢訳『中部』第56経「羅摩経」（僧伽提婆訳，397–398年），そしてパーリテキストに基づく私の訳を示そう。

[33] APS 161,10–15:

atha kho āyasmā ānando bhagavantaṃ etad avoca: ayaṃ bhante rammakassa brāhmaṇassa assamo avidūre; ramaṇīyo bhante rammakassa brāhmaṇassa assamo, pāsādiko bhante rammakassa brāhmaṇassa assamo; sādhu bhante bhagavā yena rammakassa brāhmaṇassa assamo ten’ upasaṅkamatu <u>anukampam upādāyā</u>ti. adhivāsesi bhagavā tuṇhībhāvena.

[34]『羅摩経』T 1.26: 775c17–20:
於是尊者阿難叉手向仏白曰，世尊，梵志羅摩家極好整頓，甚可愛楽。唯願世尊，以慈愍故往至梵志羅摩家。世尊為尊者阿難黙然而受。
[35] さて，その時，尊者アーナンダは世尊にこのように語った。「尊師よ，このランマカ・バラモンの住処が近くにあります。尊師よ，このランマカ・バラモンの住処は喜ばしいものです。尊師よ，このランマカ・バラモンの住処は清らかなものです。尊師よ，どうか世尊は，憐愍を取り入れて (anukampam upādāya)，ランマカ・バラモンの住処へお行きください。」と。世尊は沈黙によってご承認なさった。

ここでアーナンダが，世尊がランマカ・バラモンの住処へ行ってくださるよう述べるときに，世尊に行動を促すための契機を表す概念として anukampam upādāya という表現が用いられている。anukampam upādāya は，kāruññaṃ paṭicca 及び anudayam paṭicca と同義であると見なされるが[44]，しかし上述したように，私は kāruñña と抽象名詞 kāruññatā を区別されるものと見なしているから，この anukampam upādāya を kāruññatam paṭicca と同義にして，交換可能なものとは考えないのである。それにまた，もし交換可能ならば，何故「聖求経」[33]のアーナンダの言葉では anukampā が用いられ，「聖求経」[7]では kāruññatā が用いられるのかという疑問が生じるであろう。この疑問に対する一つの説明として，仏陀自身の内的な動機に関して言及するときに kāruññatā が用いられ，弟子たちから仏陀へ行動を促す要因を指し示すときに anukampā が用いられ，これらの二つの概念は区別されていると言えるかもしれない。

私はこの kāruññatā という抽象名詞に込められた当時の仏教徒たちの聞き取りにくい声を理解することが重要であると思っている。そして私は，

---

44 Cf. SN II 199,24–25: kāruññaṃ paṭicca anudayam paṭicca anukampam upādāya paresaṃ dhammaṃ deseti.「哀れみ (kāruñña) に縁って，思い遣り (anudayā) に縁って，憐愍 (anukampā) を取り入れて，他の人々に法を〔迦葉は〕説く。」

kāruññatā という語の高次の概念性によって特別な意義，即ち，仏陀に対する規定性と動機の意義を担ったこの付加こそ，仏教徒たちの批判的思索の結果にほかならないと思うのである。所謂慈悲が個人倫理的な観念的実践の問題に留まるものではなく，少なくとも仏教史における出発点においては正に仏陀とは誰か，仏教とは何かと問うて思想的な意義を担って打ち出されたと私が捉えている所以である。

以上，梵天勧請の伝説において表出された kāruññatā の動機について若干私見を述べたが，当初の問題設定に戻り，『根本中頌』「最終偈」の anukampā が『八千頌般若』においてどのような意義を担っているか考察しよう。

第５節　『八千頌般若』における慈悲の考察

仏教が所謂慈悲という観念と特別な連関で結ばれているものとみなされ，慈悲について特別な性格を持つかのように考えられているということは，今日，仏教の伝統において疑いを容れる余地がないこととして一般に認識されているように思われる。このような姿が共有されるに至ったのは，やはり大乗仏教の影響によるものであろう。解脱せずに輪廻に留まり衆生救済を目的とする菩薩の行動原理として慈悲が説かれたが，このような慈悲が説かれることについて，特に初期大乗経典である『八千頌般若』にその出発点を求めることができると思われる。『八千頌般若』の次の記述は，菩薩が慈悲と解脱に如何に関連付けられているかをよく示している例と思われる。

[36] Aṣṭa 184,19–23:
evam eva subhūte bodhisattvo mahāsattvaḥ sarvasattvahit<u>ānukampī maitrīvihārī karuṇāvihārī muditāvihārī upekṣāvihārī</u> upāyakauśalyena prajñāpāramitayā ca parigṛhītaḥ kuśalamūlāni samyak buddhānujñātayā

pariṇāmanayā pariṇāmya kiṃ cāpi śūnyatām ānimittam apraṇihitaṃ ca samādhivimokṣamukhāny avatarati na tv eva bhūtakoṭiṃ sākṣātkaroti.

[37] スブーティよ，まさにこのように，菩薩摩訶薩は，一切衆生の利益と憐愍をもち (sarvasattvahitānukampin)，慈に住し，悲に住し，喜に住し，捨に住するものであり (maitrīvihārī karuṇāvihārī muditāvihārī upekṣāvihārī)，方便善巧と般若波羅蜜によって護られたものであり，さらにまた，諸善根を仏陀によって承認された廻向によって正しく廻向して，空性と無相と無願という三昧の解脱の門に入るのであるが，しかし，実際を決して直証しない。

ここで菩薩は，一切衆生に対して利益を与え憐愍するものにして，「四無量」を修習するものとされる。そしてまた，三解脱門の三昧に入るのであるが，方便善巧と般若波羅蜜によって護られたものであるから，決して真実の究極を直証してはならない，何故なら解脱すれば衆生救済ができないからであるという趣旨が述べられていると思われる。

しかし問題なのは，この『八千頌般若』[36]は，最古の漢訳とされる『道行般若経』（179年訳）には欠如しているのである[45]。この事実は，菩薩の一切衆生に対する所謂慈悲のあり方，及び「実際」，つまり空性を直証しないことを説く『八千頌般若』の理念が，少なくともその初期においては成立していなかったことを示すであろう。たとえ『八千頌般若』において精細にこの理念が説かれているとしても，もしそれが後代において付加されたものと見なし得るならば，我々は大乗仏教と所謂慈悲の間にあると考えられてきた緊密な連関についてあらためて検討しなければならないのではないだろうか。

同様の問題は，anukampām upādāya についても言い得る。まず，次の『八

[45] Cf. Karashima 2011, p. 346, fn. 37. なお，シュミットハウゼン教授は，bhūtakoṭi「実際」との対応を『道行』に認めることができない点を指摘しておられる。Schmithausen 2000a, p. 443, fn. 42＝齋藤 2003，p. 81，註 46。

千頌般若』の記述を掲げてみよう。

[38] Aṣṭa 37,19–24:
yadāpi kauśika tathāgatā arhantaḥ saṃyaksaṃbuddhā loke notpadyante, tadāpi kauśika bodhisattvā mahāsattvā pūrvaśrutena prajñāpāramitāniṣyandena ye upāyakauśalyasamanvāgatā bhavanti, te 'pi kauśika sattvānām anukampakāḥ anukampām upādāya imaṃ lokam āgamya daśa kuśalān karmapathān loke prabhāvayanti.

[39] カウシカよ，如来，阿羅漢，正覚者たちが世間において生じない時にも，その時にも，カウシカよ，菩薩摩訶薩たちは以前に聞いた般若波羅蜜から流れ出て，方便善巧を具えたものとなるのである。カウシカよ，彼らも衆生たちに対して憐愍をもつもの (anukampaka) たちであり，憐愍を取り入れて (anukampām upādāya)，この世間に来て，十善業道を世間において顕わすのである。

ここに菩薩は，憐愍を有し，憐愍を根拠としてこの世間に来たことが述べられるが，この記述は『道行』には欠如しているのである[46]。
さらに次の記述を取り上げよう。

[40] Aṣṭa 108,32–109,3:
tathā hi te subhūte bodhisattvā mahāsattvā bahujanahitāya pratipannā bahujanasukhāya lokānukampāyai mahato janakāyasyārthāya hitāya sukhāya devānāṃ ca manuṣyāṇāṃ cānukampakā anukampām upādāya anuttarāṃ samyaksaṃbodhim abhisaṃboddhukāmāḥ.

[41] 即ち，スブーティよ，彼ら菩薩摩訶薩たちは，多くの人々の利益のため，多くの人々の楽のため，世間に対する憐愍のために行じ，多数の人々と神々と人たちの義と利益と楽のために，憐愍をもつもの

[46] Cf. Karashima 2011, p. 79, fn. 254.

(anukampaka) たちであり，憐愍を取り入れて (anukampām upādāya), 無上正覚を現等覚したいと思っている。

[42]『道行』T 8.224: 445c5–8:
仏語須菩提。菩薩摩訶薩昼夜念世間悉使得安隠。傷念天上天下。以是故。自致阿耨多羅三耶三菩。成作仏時悉為説法[47]。

ここには上掲の二つの例と異なり『道行』にある程度の対応が認められるが，この一節はよく知られた定型句であり大乗経典だけではなくパーリ文献にも見られるものであるから，必ずしも大乗仏教，もしくは『八千頌般若』に特有の所謂慈悲を述べるものとは見なし難いと思われる。この定型句はたとえばまた次のように認められる。

[43] Aṣṭa 125,18–22:
ye 'pi te 'nyeṣu lokadhātuṣu tathāgatā arhantaḥ samyaksaṃbuddhā etarhi tiṣṭhanti dhriyante yāpayanti bahujanahitāya bahujanasukhāya lokānukampāyai mahato janakāyasyārthāya hitāya sukhāya devānāṃ ca manuṣyāṇāṃ ca, sarvasattvānāṃ cānukampakā anukampām upādāya, te 'pi sarve imāṃ prajñāpāramitāṃ samanvāharanti, autsukyam āpadyante.
[44] 多くの人々の利益のため，多くの人々の楽のため，世間に対する憐愍のため，多数の人々と神々と人たちの義と利益と楽のために，また一切衆生に対して憐愍をもつもの (anukampaka) たちであり，憐愍を取り入れて (anukampām upādāya), 他の諸世界において今，住し，耐え，生存している如来，阿羅漢，正覚者たち，彼らも皆，この般若波羅蜜を念じ，熱意を得ている。

この下線部の記述も，『道行』には欠如している[48]。

---

[47] Cf. KARASHIMA 2011, p. 218.
[48] Cf. KARASHIMA 2011, p. 249, fn. 22.

しかるに，これらの欠如と『根本中頌』「最終偈」の連関はどのように考えればよいであろうか。この用例から，anukampā を通じて語られる所謂慈悲は，少なくとも『道行』においてまだ主要なテーマとされていなかったのではないかと想定されるであろう[49]。あるいは大乗仏教は，少なくともその出発において所謂慈悲を重視していなかったと考えられるであろう[50]。

しかるに，『根本中頌』「最終偈」には，何故『道行』に欠如していることが認められる anukampam upādāya のような句が用いられたのであろうか。この「最終偈」が著されたとき，著者たるナーガールジュナはこの

---

49 この定型句は『法華経』サンスクリットテキストにも認められるが，少なくとも「方便品」散文における四回の用例のうち三回は『正法華』及び『妙法華』に相当漢訳語句を見出すことはできない。Cf. K 40,15–41,2; 41,10–12; 42,1–4; 42,12–15. このうち K 42,1–4 には「多所饒益安楽衆生」（『妙法華』T 9.262: 7b12）の訳があることは，すでに松本史朗博士が指摘しておられる。松本 2010, p. 164, pp. 167-168 参照。なお，『法華経』と慈悲の問題に関して，本書第２章を参照されたい。

50 平川彰博士は，道宣（596–667）が，『四分律』は義が大乗に通じる点があるとして，『四分律羯磨疏』において『四分律』の大乗的な思想を五点指摘していると解説され（平川彰『仏典講座 39 上　八宗綱要　上』大蔵出版，1980 年，p. 316 参照），その第一「沓婆廻心」について，「これ〔沓婆廻心＝新井註〕は，沓婆摩羅子が阿羅漢を得た時，比丘僧伽のために，知事比丘となり，分僧臥具人，差次請負人をなさんと，みずから進んで仏陀に願い出たことをいう。ここに利他の精神が見られるのであり，大乗的であるという。」と説明しておられる（同上，下線＝新井）。『四分律』に関して，南山律宗において「分通大乗」「義当大乗」という独自の解釈によって大小乗が論じられ，『四分律』が大乗の所説に通じているが故に，他の律より勝れているという歴史的な評価がなされたことは，大乗と慈悲もしくは利他の緊密な連関を示す点で重要な視点を与えているであろう。

しかし，奇妙なのは，「利他の精神」が見られ，「大乗的である」とされる『四分律』は，梵天勧請の伝説において，kāruññatā の動機の記述を欠いているのである。利他と慈悲は厳密に区別されるべきものであろうが，もし，『四分律』が「利他の精神」を重視し大乗に通じているならば，自らの説く「利他の精神」が仏陀の慈悲に基づく正系であることを自認し，なおかつ大乗を宣揚するために，梵天勧請の伝説において，むしろ積極的に所謂慈悲を導入したのではないかと思われる。しかし，『四分律』において，kāruññatā の動機が欠如するのは何故であろうか。『四分律』を伝持していた法蔵部は自らの「利他の精神」の独自性もしくは卓越性を主張するために，あえて梵天勧請の伝説における kāruññatā の動機を欠如した形で，律を伝持したとも考えられるかもしれない。南山律宗の教学に関して有益な示唆をいただいた山本元隆博士に記して謝意を表したい。

挿入語句ではなく，アーナンダによって発せられた anukampam upādāya の句かそれに類する伝承に基づいたか，あるいはその時代，anukampam upādāya の句が仏陀に関連付けられるような歴史的状況があったことも考えられるかもしれない。

さて，ここで『根本中頌』のいくつかの註釈を見ておこう。『般若灯論釈』において「最終偈」は次のように漢訳されている。

[45]『般若灯論釈』（波羅頗蜜多羅訳, 630–632年）T 30.1566: 135b7–8:
仏為断諸苦　演説微妙法　以憐愍為因　我今礼瞿曇。[MMK 27.30]

漢訳者は anukampam upādāya を「因」と理解しており，これは先に『根本中頌』「最終偈」に関して私が示した「根拠」の理解とは異なるものであるが，さらにこの漢訳からはこの「憐愍」が「慈悲喜捨」と見なされていることが知られる。

[46]『般若灯論釈』T 30.1566: 135b17–19:
如是乗者，以慈悲喜捨為因。不以世間名利為因。

即ち，「微妙の法」を「演説」するのは「憐愍」即ち「慈悲喜捨」を因としていると註釈される。この理解は，本論で指摘したように，仏陀の哀れみと，四無量の慈悲を同一視している点で，「聖求経」[7]の趣旨に合致するものではないが，後代の仏教徒がこれらの二つの概念を同一視して理解する発想をよく示しているものと言えるであろう。

次に『明句論』を見ておこう。

[47] Pras 592,10–593,1:
pratītyasamutpādasaṃjñayā hi deśitavān sarvadṛṣṭiprahāṇārthaṃ jagatām anukampām upādāya mahākaruṇām evāśritya [a]priyaikaputrādhikatara-

premapātrasakalatribhuvanajanaḥ[a] na lābhasatkārapratyupakārādilipsayā, taṃ namasyāmi niruttaram advitīyaṃ śāstāram.

[a-a] チベット語訳は欠く。

[48] 実に，「一切の見を捨てる」ために，有情たちに対して，「憐愍を取り入れて (anukampām upādāya, thugs brtse ba nye bar bzungs nas [: 北京版5260, Ḥa 224a1])」，〔即ち，〕大悲だけに依拠して (mahākaruṇām evāśritya, thugs rje chen po kho na brten nas [: 北京版5260, Ḥa 224a1]), [a]愛しき一人息子に対するより一層優れた愛の器としてすべての三世界の生類をもち[a]，利得と恭敬と返礼等を得ようとする望みをもたずに，縁起という名によって〔正法を〕説いたもの，「かの」無上にして無二の師に「私は礼拝する」。

ここで anukampām upādāya が，mahākaruṇām evāśritya と註釈されているが，この説明は，チャンドラキールティが，この anukampā を mahākaruṇā にほかならないとし，また upādāya が āśritya であるとしている点で，この語を「因」と説明する『般若灯論釈』と異なっていないように思われる。とりわけ，upādāya が「依拠して (āśritya)」と説明されることは，anukampā が「所依」を意味していることを示す点で重要であると思われる[51]。

---

[51] 高崎 1992 において，高崎博士は「月称はこれについて，「何かに依る (upādāya)」とは「固有の諸因の総和に依存して (svakāraṇasāmagrīm āśritya)」の意であるという。」(p. 46) と述べられ，ここで言われる「何か」，即ち upādāna が「所依」であると説明しておられる。また，これに関して，松本博士は「取られるもの」upādāna が“基体”を意味することが確認されることを述べておられる。松本 2004，pp. 262–263 参照。

第６節　『法華経』における説法の動機について

梵天勧請の伝説は，『法華経』にも展開されて説かれている。即ち「方便品」冒頭において，シャーリプトラが釈尊に法を説くよう懇請する場面においてであるが，その記述を，二つの漢訳，サンスクリットテキスト，そしてサンスクリットに基づく私の訳によって示そう。

[49]『正法華』「善権品」T 9.263: 69b16–18:
于時世尊見舎利弗三反勧助。而告之曰。
[50]『妙法華』「方便品」T 9.262: 7a5–6:
爾時世尊告舎利弗，汝已慇懃三請。豈得不説。
[51] K 38,8–11:
atha khalu bhagavāṃs traitīyakam apy āyuṣmataḥ śāriputrasyādhyeṣaṇāṃ viditvāyuṣmantaṃ śāriputram etad avocat.
[52] その時，世尊は，三たび，尊者シャーリプトラの懇請を知ってから (adhyeṣaṇāṃ viditvā)，尊者シャーリプトラにこのように語った。

「聖求経」[7]では，懇請したものが「梵天」とされていたのに対して「方便品」では「シャーリプトラ」とされているが，ここで「懇請を知ってから (adhyeṣaṇāṃ viditvā)」は，先に取り上げた「聖求経」[7]の “ajjhesaṇāṃ viditvā” と同様の表現である。

しかるに，ここに一つ興味深い事実が認められる。即ち，この『法華経』[49]–[51]には，上掲「聖求経」[7]の “ajjhesanaṃ viditvā” に相当する “adhyeṣaṇāṃ viditvā” 及び対応漢訳の記述はあるが，所謂慈悲を伝える「聖求経」[7]における “sattesu ... kāruññataṃ paṭicca” の記述に対応する句は見出せないのである。それ故，少なくとも『法華経』[49]–[51]を見る限り，『法華経』作者は，梵天勧請の伝説における仏陀の最初説法の起点をなす動機として所謂慈悲の特性に何らかの問題を認識し重視しなかったのかもしれない。

この点に関連して，智顗（538–597）がその『法華文句』において『妙法華』「方便品」の「止舎利弗，不須復説。所以者何。仏所成就第一希有難解之法。」(T 9.262: 5c9–10) の一節について次のように説いていることは気に掛かる。

[53]『法華文句』T 34.1718: 42a13–15:
今明此法深寂言語道断，体不可説。故止而歎之。設慈悲為説，聞不能解。傷其善根，是故止也。

この一節で智顗が，仏陀が，法を説くのを止め歎いているが，たとい慈悲でもって法を説いたとしても，聞いて理解することはできないと述べていると解釈されるならば，智顗の時代には既に，仏陀の最初説法の動機として，慈悲の観念が当然の如く受け入れられていたことを示す一例なのかもしれない。もしくは，他ならぬ智顗が，その後の歴史においてそのように受け入れられるようになる一つの契機をここに示したと考えられるのかもしれない。というのも，すでに考察したように，仏陀の最初説法の動機とされる所謂慈悲は当該漢訳テキストにおいて必ずしもすべてのテキストにおいて見出せるものではなく，しかも，あったとしても，その語は慈悲の語ではなく，正に「愍」「哀愍」だからである。しかし，何故，智顗がここに慈悲の語を挿入したのかという点については疑問が残る。

第７節　本章の要点

「聖求経」[7]及び並行パーリ文献において，仏陀の最初説法の起点となる動機の一つとして kāruññatā の語によって所謂慈悲の観念を説く一節は，対応漢訳，特に『五分律』[20]と『四分律』[21]における kāruññatā に相当する漢訳語句の欠如，及び釈尊自身の成道に至るまでの事跡と思想の評価，さらにパーリテキストの gerund と接続詞 ca ... ca の用法を論拠として，後代の付加と思われる。これは，釈尊自身に遡り得る伝承の中に，後代の仏教徒が所謂慈悲を主張する根拠がないことを示す。

後代の付加と考えられる kāruññatā の語は「哀れみをもつものであること」を意味し，仏陀に対する規定性と動機を表すと思われる。これは，『根本中頌』「最終偈」の「憐愍 (anukampā)」が「根拠」を示していることと異なると思われる。

『八千頌般若』の「憐愍」は『道行』に欠けている点が認められる。

『法華経』「方便品」における説法の動機には，所謂慈悲の要因は見出されない。

なお，最後に次のことを申し添えたい。即ち，私は本論の考察のような所謂慈悲の研究によって，所謂慈悲を讃え，宣揚しようとしているのではない。そうではなく，私は，所謂慈悲の観念を批判的に考察することによって，仏教における慈悲の虚偽を明らかにし，その俗説を否定することを目的としているのである。即ち，慈悲は，仏陀の特性として智慧とともに車の両輪の如く言及されることが少なくないが，慈悲の観念それ自体，あるいは智慧との連関で慈悲が取り上げられる時，非常に多くの場合，「四無量」第二支の karuṇā の語，及びその「抜苦」というような観念によって言及されると思われる。つまり，仏典において，釈尊に直接連なる語であると見なし得る kāruññatā と anukampā によって言及されているのではない。また既に見た通り，そもそも kāruññatā と anukampā という二つの語さえ，必ずしも釈尊自身の言葉，あるいは釈尊に遡り得る伝承に出るものではない。この事実の重みは決して無視し得るものではない。このように漫然と語られる慈悲は，その内容が，従ってまたその歴史上の位置も曖昧な何かであると思われる。しかし問題なのは，かかる慈悲が，憐れみに満ちた，慈悲深いお方であるというような表現で，内実を欠いた空疎な暖かみによって人々に訴えかけるものであり，そのような印象を与えることによって，釈尊や仏教に向き合うものの目を眩ませ，釈尊が悟った縁起説の意義を解消させるような働きをなすように思われることである。今日，釈尊や仏教を慈悲という曖昧な感性の観念を通じて捉え考える習慣ができたことに私自身は或る落胆を禁じ得ない。もし，慈悲が，釈尊自身の伝承に遡り得るものではなく，なおかつ非仏教的なものであるならば，もう慈悲の観念を用いて仏教を語ることを止めるべきではないかと考えるのである。

〔付記〕2019年度インド論理学研究会（於駒澤大学246会館　2019年11月30日）において，私は「仏眼について」と題し口頭発表を行った。発表の機会を与えていただいた当研究会，金沢篤先生には記して心から感謝申し上げたい。

当日の配付資料に示した問題の要点をここに提示したい。

「聖求経」[7]〔＝Vinaya I 6,23-25〕に「仏眼によって (buddhacakkhunā)」の語があるが，この語は，並行するVinaya I 6,23-7,2〔本章の記述[19]，p. 50, ll. 15–27に相当〕に二回，従って，「聖求経」[7]に対応する一例と合わせ，Vinaya 全体（及び並行する『長部』「大譬喩経」）ではこれらの三例が認められるだけであると思われる。

また、『長阿含経』「大本経」では，「仏眼」の語は，本章（pp. 47–48）記述[14]における一回のみが認められる。しかし，並行記事を伝える『増一阿含』の対応する記述には，この「仏眼」の語は認められない（本章，p. 46，記述[12]参照）。

仏教史において「初転法輪」と呼ばれ，仏陀が最初説法に向かう場面の重要な要因であるにもかかわらず，原始仏典において「仏眼」という語が，これらの極めてわずかな例しか用いられていないことは，私には奇妙に思われる。

『八千頌般若』を見ると，梵本には五回の用例があるが，その中最古の漢訳とされる『道行般若経』（179年訳出）の相当する記述において、「仏眼」の語が認められるのはただ一回だけである（Aṣṭa 111,18–112,8＝『道行』T 8.224: 446a21–25）。

次に，『妙法華』において「仏眼」の用例を探ると，三例が見出される（T 9.262:「方便品」9b25–27;「授記品」20c11–12;「寿量品」42c1–5）。これらの三例の中，「授記品」の用例は，対応する『正法華』に「仏明目」（T 9.263: 86c6–7），及び梵本に buddhacakṣuṣā (K 145,7-8) の語が認められるが，「方便品」及び「寿量品」では対応が認められない。

さらに，「仏眼」に関して，「大本経」[14]の「以仏眼観視世界」という記述は，後代の『如来蔵経』（覚賢訳）「我以仏眼観　衆生類如是　煩悩淤泥中　皆有如来性」（T 16.666: 459b7–8）〔第９喩「鋳型のなかの真金像」〕と著しく類似しているのである。「仏眼」という語の用例が，そもそも上に検討した用例に限定される点で，両者には類似性が想定されるであろう。

なお，「大本経」の漢訳は412–413年，覚賢訳は420年頃とされる。

『如来蔵経』には「仏眼」という語が確認される（覚賢訳に八回）。先に見た『八千頌般若』及び『法華経』に対して，ここには『如来蔵経』が「仏眼」という語を重視し、強調した性格を指摘できるであろう。それとともに，大乗以前に，諸部派において共有されていた梵天勧請の伝説における「仏眼」の記述を共有するという点では，『如来蔵経』には，一応，原始仏典との類似性が認められると言ってよいであろう。

上掲『如来蔵経』（覚賢訳）引用個所の直前には，次のような記述がある。

> rigs kyi bu dag de bzhin gshegs pa dgra bcom pa yang dag par rdzogs pa'i sangs rgyas kyis / sangs rgyas kyi mig gis sems can thams cad de ltar mthong nas / nyon mongs pa de dag las thar par byas te / sangs rgyas kyi ye shes la rab tu dgod pa'i phyir chos ston to // (Zimmermann 2002: 318,13-14)
>
> 如是善男子。如来観察一切衆生。仏蔵在身衆相具足。如是観已広為顕説。（覚賢訳、T 16.666: 459a28-29）
>
> 善男子如来応正等覚。見一切有情如来蔵。為無辺倶胝煩悩蔵中之所沈没。為彼有情破煩悩蔵。於仏智見安立無上正等菩提。（不空訳、T 16.667: 464a19-21）
>
> 如来、阿羅漢、正覚者は、仏眼によって、一切衆生をそのように見て、それらの煩悩から解脱させて、仏陀の知を確立させるために、法を説くのである。

ここで、チベット語訳には「仏眼」の記述が認められるから、原テキストを想定することは難しいが、衆生を見るについて「仏眼によって」という記述があったと想定されるであろう。先に述べたように、原始仏典において、「仏眼」の用例が梵天勧請の場面に限定されたものである点を考慮するならば、この『如来蔵経』の記述は、原始仏典に対する緊密な関係を示しているであろう。

しかし，問題なのは，仏眼によって見られる対象が，それらの両者では互いに全く異なる点であると思われる。即ち，本章で取り上げた「大本経」[14]や *Vinaya* [18]においてその対象は，「小塵のもの」を始めとするものたち，そしてその喩えとしての「青蓮の池」等の三種の池や「青蓮」等の様態によって表される差異性であるのに対して，『如来蔵経』においては，「如来性」という内在的な同一性が表されているのである。

つまり，私見では，『如来蔵経』の問題の記述は，確かに仏眼と如来性の緊密な連関を示すものであるが，その際，『如来蔵経』は，梵天勧請の伝説を改竄して自説を説き，仏眼という語を用いることによって，原始仏教以来の正統的な伝統に自らが位置付けられるものであることを示そうとしたと考えられるのである。

ただし、梵天勧請の伝説の内容を改竄し、その基本趣旨である衆生の相互の差異性を否定して、内在的な同一性を認めること自体、そもそも仏教の記述として、その中心的教義である無我説に反する点で問題を認めざるを得ないことを明瞭に指摘しておく。

〔パーリテキストの読解に関して，松田和信先生に御教示をいただき訂正し得た。記して謝意を表したい。但し，文責が筆者にあることは言うまでない。〕

第4章　『量評釈』「量成就章」における悲に関する覚え書き

第1節　問題の設定

筆者は目下，仏陀の最初説法の動機に関する研究に取り組んでいるが，これは仏教の慈悲に関する研究の一環として始められた。この動機の解明は梵天勧請や慈悲の考察を中心とするものであるが，しかし，この問題は「何故，釈尊によって，法は説かれたのか」（もしくは「何故，釈尊によって，法は説かれなければならなかったのか」）という，宗教としての，もしくは人類にとっての仏教の存在を基礎付けることにとって本質的な問いではないかと思われる。

ダルマキールティ Dharmakīrti は，『量評釈』「量成就章」(*Pramāṇavārttika* [Miyasaka ed.], Pramāṇasiddhi = PV II）において，ディグナーガ Dignāga の『集量論』(*Pramāṇasamuccaya* = PS) の帰敬偈を註釈している。ディグナーガの自註 (*Pramāṇasamuccayavṛtti*) によれば，PS の帰敬偈において，世尊が量であることは，原因と結果を完成することによる (hetuphalasaṃpattyā)，と言われている。即ち，ディグナーガは，世尊にとって原因と結果の完成とは，四つの条件，即ち，「世間の人々の利益を求める者 (jagaddhitaiṣin)」，「教師 (śāstṛ)」，「善逝 (sugata)」，「救済者 (tāyin)」を完成することであると規定するが，これらの四つの条件の中，前二者が因の完成，後二者が果の完成にあたり，世尊はこの因と果の完成の故に，量である方 (pramāṇabhūta) となるという[1]。これに関してダルマキールティは，PV II 34a において PS の帰敬偈の第一の条件「世間の人々の利益を求める者」について次のように説明している。

---

[1] PS の帰敬偈の解説と訳について，特に Masaaki Hattori, *Dignāga, On Perception, being the Pratyakṣapariccheda of Dignāga's Pramāṇasamuccaya from Sanskrit fragments and the Tibetan versions*, Cambridge, Massachusetts, 1968, p. 23, pp. 73–75，服部正明「仏教論理学派の宗教性」『インド中世思想研究』春秋社，1991 年参照。

PV II 34a: sādhanaṃ <u>karuṇā</u>bhyāsāt sā.
能証は<u>悲</u>である。それは数習に基づく。

ダルマキールティは PS の帰敬偈の「世間の人々の利益を求める者」という第一の条件に対し，「〔世尊が量であることの〕能証は悲である」と述べ，「悲 (karuṇā)」という概念が，世尊が量 (pramāṇa) であることを可能とする最初の成立させる要因 (sādhana) であり，そしてその悲は「数習に基づく」と説明するのである。

しかるに，このようなダルマキールティの説明が PS の帰敬偈「世間の人々の利益を求める者」の説明として適切であるかどうか筆者には疑問に思われた。というのも，もし仏陀に「悲」のような徳，もしくは概念が結び付けられて語られるならば，それは「大悲 (mahākaruṇā)」でなければならないのではないか，そして「大悲」は『倶舎論』によれば，「悲」と厳密に区別されるものであると考えたからである[2]。

また近代の学者も，「世間の人々の利益を求める者」に対する PV II 34a の説明内容に関して何らかの問題を認めているようである。Eli Francoは，氏の*Dharmakīrti on Compassion and Rebirth* (Wiener Studien zur Tibetologie und Buddhismuskunde, Heft 38, Wien, 1997, p. 30) において次のように述べている。

> "For instance, we can explain the interpretation of *jagaddhitaiṣitā* as *karuṇā*. That this is not a faithful interpretation of Dignāga's intention is quite obvious; *karuṇā* could be understood at most as a cause, a reason or a motivation for *jagaddhitaiṣitā*, but not as its simple equivalent."

---

[2] Cf. *Abhidharmakośabhāṣya* (Pradhan ed.): 414,6–415,10（＝和訳：櫻部建，小谷信千代，本庄良文『倶舎論の原典研究　智品・定品』大蔵出版，2004 年，pp. 135–139）。ここでは，不共仏法である「大悲」が「悲」といかに異なるか鮮明に説かれている。

即ち，「例えば，我々は jagaddhitaiṣitā の解釈を karuṇā と説明できる。これがディグナーガの意図の忠実な解釈でないということは明らかである。karuṇā はせいぜい原因，理由，あるいは jagaddhitaiṣitā のための動機付けとして理解されるであろうが，しかし，それに全く対応するものとしてではない」と指摘するが，jagaddhitaiṣitā を karuṇā によって説明する仕方に問題を認めている点で重要であろう。ただし，次のことが注意される。即ち，すでに言及したように[3]，この点に関連して Harvy B. Aronsonは *Love and Sympathy in Theravāda Buddhism* (Delhi, 1980, p. 40) において次のように述べている。

> "Gotama does not use the terms "love" (*mettā*) or "compassion" (*karuṇā*) to motivate the monks to teach others, or to describe his own motivation."

即ち，「ゴータマは愛，あるいは同情という術語を，他の人々に教える僧たちに動機を与えるために，あるいは彼自身の動機を言い表すために用いない」と述べて，「四無量」の前二支の「慈」と「悲」が説法の動機とならないことを明瞭に指摘している。

これらの指摘は PV II 34a の説明内容に何らかの特別な意図があることを示唆するものであろうが，これらの二つの指摘やこれまでの諸研究に基づき，PV II 34a は「世間の人々の利益を求める者」に対する説明に力点を置いたものというのではなく，正にチャールヴァーカの学説に向けられた説明であると理解される[4]。

---

[3] 本書第３章，pp. 44–45，註９参照。

[4] 稲見正浩「『プラマーナ・ヴァールティカ』プラマーナシッディ章の研究（６）」『東京学芸大学紀要』（第２部門，人文科学）48，木村俊彦『ダルマキールティにおける哲学と宗教』大東出版社，1998 年，p. 189 等。なお，木村俊彦『ダルマキールティ宗教哲学の原典研究』木耳社，1981 年，p. 62 では，PV II 34a に続いてチャールヴァーカ (cārvākāḥ) の学説を否定する議論が展開されることについて，「幾分唐突の感は免れない」と指摘されている。

しかしもしそうであるならば，他ならぬ「悲 (karuṇā)」が，仏陀を量たらしめている根本的な要因であるとは，必ずしも言えないということになるのではないだろうか。つまり，PV II の文脈上，心の存在を認めないとされるチャールヴァーカの学説に反駁する概念としてのみ，PV II 34a の所説の中に，この「悲 (karuṇā)」が取り入れられたと見るのである。

即ち，ダルマキールティは，心のはたらきとして最も人々を惹き付け，理解し易いものとして「悲 (karuṇā)」という概念を選びチャールヴァーカの学説へ向けて投げ付けたと理解するのである。しかしその際，ダルマキールティは，「悲 (karuṇā)」を自己自身の真に主張すべきこととして説いたのであろうか。というのは，このように述べるのも，筆者は，仏教の慈悲の起源に関連して，仏陀はその出家から成道に至るまで慈悲というような他者のためになることを顧慮する心情は持っていなかったと認め[5]，またすでに論じたように，仏陀の最初説法は慈悲に基づかないと考えているからである[6]。一体，PV II 34a のように述べるダルマキールティは「悲 (karuṇā)」についてどのように評価していたのであろうか。

「悲 (karuṇā)」は四無量の一つに挙げられ，抜苦，即ち苦しむ者の苦が消えることを願う禅定である。しかし，率直に申し上げれば，禅定において願うのみで或る他人の苦がなくなるならば誰も苦労はしない。かかる「悲 (karuṇā)」はあまりに観念的すぎて，これを実践と言えるかどうかということについてさえ躊躇いを覚えるのであるが，またこのような定義自体，抽象的にして形式的であって，そこにはいかなる内容のものでも放り込むことができるため，この言葉自体を語って相手を惑わせるには十分であると思われる。では，このような「悲 (karuṇā)」をPV II 34a のように釈尊に結び付けて語ることは適切であろうか。これについて，私は現段階では直ちに適切であると返答できないのである。つまり，このような徳の付与は，後代の仏教徒が，釈尊の全生涯を慈悲に満ち溢れたものとして説明したい，

---

[5] 高崎 1992，pp. 162–163。

[6] 本書第 1 章参照。

信じたいという願い，あるいはこう言って良ければそのような欲望が生んだ信念であろうと思われる。しかし同時にまたそれは人間社会のことであるから，仏陀の伝記を保持した教団の色々な思惑もあったであろう。そこにはもはや四門を観て生老病死を問い，自らの立場も責任も，妻子さえも捨てて道を求めた現実の姿など消し去られているのである(補註)。

平川彰博士は次のように述べておられる[7]。「純粋に歴史的な興味にもとづいて述べられた仏陀の伝記が，古く仏教教団に存在したと考えることはできない。〔中略〕何らの目的も持たず，単に記録にとどめるという関心のみにもとづいて，伝記が作られるということは，仏教教団においてはありえなかった。結果としては仏伝の形を取っている聖典の場合でも，それを作った人は別の意図をもっていたのである。」「それぞれの目的にしたがって，種々なる型の仏伝があったのである」。各部派の仏伝が特定の意図もしくは目的の下に作成されたことを鋭く指摘する点で極めて重要な記述であるが，慈悲の徳についても，諸部派によって見解の相違があったと考えられる[8]。

しかるに，ダルマキールティは PV II 130-131ab において次のように述べている。

PV II 130-131ab:
tathā hi mūlam abhyāsaḥ pūrvaḥ pūrvaḥ parasya tu |
kṛpāvairāgyabodhādeś cittadharmasya pāṭave ||
kṛpātmakatvam abhyāsād ghṛṇāvairāgyarāgavat |

---

7 平川彰『律蔵の研究 II』平川彰著作集第 10 巻，春秋社，2000 年，pp. 100–101。

8 諸部派間の見解の相違に関して，本書第３章を参照されたい。

なお，高崎博士は「『倶舎論』など，北伝系の仏教では仏の不共功徳を十八種挙げる中に「大悲」を加えている。いわば他者へ憐れみ，いたわりはブッダに下駄をあづけた恰好である」と述べておられる（高崎 1992，p. 162）。筆者はこの記述を読んだ時，「下駄をあづけた」と表現されていることに驚き，なぜこのような表現がなされたのか不思議な印象を抱いたが，仏教の慈悲に関する近代の学者の一つの評価としてここに引用した次第である。

即ち，それぞれ先行する数習 (abhyāsaḥ pūrvaḥ pūrvaḥ) は，後の，悲 (kṛpā) と離欲と覚知 (bodha) 等である心の属性 (cittadharma) を鋭くするための根本である。

数習に基づいて，〔心の法は〕悲 (kṛpā) を本性とする。嫌悪と離貪と貪のように。

ここには，前世から現世そして来世へと続く生存の中で，前世の長時の数習によって「悲 (kṛpā)」が獲得されると考えられているが，「悲 (kṛpā)」が強調され目的的に説かれる点で，仏伝の中でも本生話のような釈尊個人の成仏の因縁を説くものというより，むしろ利他の願を説く仏伝が基礎の一つとされているであろうことは想像に難くない。ただし，PV II 130-131ab では，PV II 34a における karuṇā とは異なり，kṛpā という語が取り上げられている。PV II では「悲」に類する表現として，karuṇā の他に，主に kṛpā, dayāが用いられ，これらの語はほぼ同義と指摘される[9]。これ自体重要な指摘であるが，PV II 34a の karuṇā が PS の帰敬偈「世間の人々の利益を求める者」の説明として何らかの意図が込められたものであるならば，これらの微細な差異を明らかにすることはどうしても必要であると思われる。というのも，PV II 34a の karuṇā は実際の禅定の行為であるのに対して，PV II 130-131ab の kṛpā は，同偈自体において「心の属性 (cittadharma)」であり，「〔心の法は〕悲を本性とする (kṛpātmakatva)」と示されるように，「属性」「本性」を示すものではないかと考えられるからである。少なくともこの点で PV II 34a の karuṇā とPV II 130-131ab の kṛpā の間には差異が認められるのではないかと思われる。

なお，和訳に関して，上に掲げたPV II 130-131ab の kṛpāは，暫定的に karuṇā と同じく「悲」と訳し原語を補った。上述した理由から，本来は区別して訳すべきであると考えるものの，それぞれに適切な語を見出し難かったため，全くの同義語である可能性と，現代日本語の限界を考慮しつつ，

[9] 稲見上掲論文（前註 4）: 17，註 4 参照。

このように訳した。

第２節　『量評釈』「量成就章」第34偈a句に関する解釈

以上，PV II 34a の「悲 (karuṇā)」に関して若干の私見を述べた。PV II 34 の解釈に関して，それ対するインド仏教における註釈文献はすでに詳細な考察がなされているが[10]，本論では，この問題の解明のために以下，PV II 34a に対するチベット仏教徒の註釈のテキストと訳を提示したい[11]。

’U yug pa, *rGyas pa’i bstan bcos tshad ma rnam ’grel gyi ’grel pa Grub mtha’ sna tshogs kyi loṅs spyod kyis gtams pa’i rigs pa’i mdzod*. sDe dge ed., Patshang Lama Sonam Gyaltsen, 2 vols, Delhi 1982, Vol. 2.
210,6–211,3: dang po ni | ’o na tshad ma de’i **sgrub byed** gang yin zhe na **thugs rje** chen po’o || de ni gzhan gyis phan btags pa la ma ltos bar sems can thams cad sdug bsngal dang de’i rgyu dang bral bar ’dod pa zhe sdang med pa’i dge ba’o | de kho na rgyur ’chad pa ci ste zhen zhes sdug bsngal dang bral bar ’dod pa yod na de’i thabs tshol ba’i skye la de las byang chub kyi sems skye zhing des spyod pa rlabs po che

---

10 稲見正浩「ダルマキールティの「慈悲の修習」の議論」『印度学仏教学研究』35–1，1986 年；生井智紹『輪廻の論証』東方出版，1996 年；Eli Franco 上掲書；稲見上掲論文，木村俊彦上掲書（前註 4）；岩田孝「仏教論理学派による世尊の量性の証明における悲愍」『東方学』104，2002 年；岩田孝「世尊の量性の証明の一解釈—プラジュニャーカラグプタの解釈の視点から—」『印度哲学仏教学』16，2001 年；岩田孝「プラジュニャーカラグプタの悲愍修習論（1）」『早稲田大学大学院文学研究科紀要』52–1, 2007 年；岩田孝「デーヴェーンドラブッディによる悲愍増長の論証（上）」『日本仏教学会年報』72，2007 年等参照。

11 チベット仏教徒の註釈読解について，Yoichi Fukuda and Yumiko Ishihama, *A Comparative Table of sa-bcad of the Pramāṇavārttika found in Tibetan Commentaries of the Pramāṇavārttika*, Studia Tibetica, no. 12, Toyo Bunko, 1986 を参照した。PV に対する六人のチベット仏教徒の註釈の中，シャーキャチョクデンの註釈個所では，PV II 34a に関連して，一切知者の問題が詳細に議論されている。シャーキャチョクデン註の考察は稿を改める。

la sbyor ba'i phyir ro | gnyis pa ni | **de** rgyu gang las skye zhe na yul sdug pa la dmigs pa'i snying rje tsam ni gzhan gyi sdug bsngal mthong ba'i rkyen gyi bag chags sad pa las kyang skye mod kyi blo **de**'i ngang du gyur cing sdug mi sdug par thams cad la khyab pa'i snying rje ni skye ba du mar yang dang yang du **goms** pa **las** skye ba yin no ||

第一は，しからば，その量の能証は何であるかというならば，御大悲 (thugs rje chen po) である。それ（御大悲）は他によって助力 (phan btags pa) を期待せずに，一切衆生を，苦とそれの因から離れることを望むこと ('dod pa) であり，無瞋 (zhe sdang med pa) の善である[12]。正にその因を断ずること，あるいは，執着という苦から離れることを望むことがあるならば，それの手段 (thabs) を希求するものの生起において，それから菩提心が生じて，それによって行を大きな波 (rlabs po che) において実践する (sbyor ba) からである。第二は，それ（御大悲）は，いかなる因から生じるのかというならば，清浄な対象を獲得する悲 (snying rje) のみは，他者の苦を見ることの縁の習気を起こすことからも生じるけれども，その慧 (blo) の味 (ngang) となって，浄不浄において一切を覆う悲 (snying rje) が生じることは，多く，何度も (yang dang yang du) 数習することに基づいて生じるのである。

Dar ma rin chen, *Tshad ma rnam 'grel gyi tshig le'ur bya pa'i rnam bśad Thar pa daṅ thams cad mkhyen pa'i lam phyin ci ma log par gsal bar byed pa*: Zhol ed., 1987, vol. Cha (= Tohoku, No. 5450): 141b3-6:

dang po ni | **thugs rje** chen po de tshad ma'i skyes bu de **sgrub** par **byed** pa la | dang

---

12 デーヴェーンドラブッディの *Pramāṇavārttikapañjikā* (PVP) の記述に依拠する可能性がある。PVP (Derge ed.) 16a3–4: phan btags pa'i lan la sogs pa la ltos pa med pa can | sems can thams cad la snyoms pa shin tu sdug bsngal dang bral bar 'dod pa'i rnam pa can zhe sdang med pa ni **thugs rje** yin te...「悲とは，返礼等を期待しないものであり，一切衆生に対して平等に，完全に苦から離れることを望むこと ('dod pa) を相とし，無瞋である」。PVP の記述について，稲見上掲論文（前註 4）: 17，註 4 参照。

por sngon du song dgos te | dang por mtha' dag sdug bsngal las khol bar 'dod pa'i snying rje bskyed nas | de'i rjes su sdug bsngal zhi ba'i thabs la **goms** par byas pa **las** ston par 'gyur dogs pa'i phyir | **thugs rje** chen po de chos can | rgyu med dang mi mthun pa'i rgyu ls mi 'byung ste | rang gi rigs 'dra ba snga ma **goms** pa **las** grub pa'i phyir | snying rje chen po de nyid theg pa chen po'i lam sgom pa'i thog ma'i **sgrub byed** yin pa dang | skyob pa rtaḍ kyi bsgrub byar byas nas de bsgrub pa la yang | thog mar 'di grub dgos pa'i tshul ni 'og tu 'chad par 'gyur ro ||
第一は，その御大悲 (**thugs rje** chen po) は，かの量である人 (tshad ma'i skyes bu) を成立させる要因 (**sgrub** par **byed** pa) において，第一に先行したことが必要である。即ち，第一に，すべてのものを苦から救うことを望む悲 (snying rje) を生じてから，その後に，苦が寂滅する手段を数習したことから，教師 (ston pa) となるべきであるが故に。その御大悲が有法。無因と相違因から生じないのである。即ち，以前の自らと同類なものを数習することから成立するから[13]，ほかならぬ大悲 (snying rje chen po) は，大乗の道を修習する最初の能証する要因であり，そして救護者 (skyob pa) を論証因の所証となしてから，それを証明することにおいても，最初に，これが成立すべきあり方は，後に説明することになるのである。

dGe ḥdun grub pa dpal bzaṅ po, *Tshad ma rnam ḥgrel legs par bśad pa*. Ed. dGaḥ ldan pho braṅ, vol. Ca. *The Collected Works of the First Dalai Lama dGe ḥdun grub pa*, vol. 5. Gangtok 1981: 7a4-6:
dang po ni bcom ldan 'das de chos can | tshad ma'i skye bu yin te | de'i **sgrub byed thugs rje** chen po **goms** pa **las** 'khrungs pa'i phyir | **thugs rje** chen po chos can rgyu med dang mi mthun pa'i rgyu las byung ba ma yin te | snying rje skye ba du mar

---

[13] ダルマキールティは次のように述べている。PV II 126: yasmāc ca tulyajātīyapūrva-bījapravṛddhayaḥ | kṛpādibuddhayas tāsāṃ saty abhyāse kutaḥ sthitiḥ ||「悲 (kṛpā) 等は同類の先行する種子から増大するから，数習があるとき，一体どうしてそれら（悲等）が住することがあるのか」。タルマリンチェンの註釈もこの説に基づくと一応想定される。

goms pa **las** byung ba'i phyir | skye ba du mar **goms** pa med spang | **goms** kyang mtha' med du 'phel ba med pa spang pa'o |
第一は，かの世尊が有法。量である人である。即ち，それ（量である人）の能証である御大悲は，数習することから生まれるが故に。御大悲が有法。無因と相違因から生じるのではないのである[14]。悲 (snying rje) が生じることは，多く，数習することに基づいて生じるが故に，生じることを多く数習することがないことを捨て，数習も際限なく (mtha' med du) 増大することがないことを捨てるのである。

mKhas grub rje dGe legs dpal bzaṅ po, *rGyas pa'i bstan bcos tshad ma rnam 'grel gyi rgya cher bśad pa Rigs pa'i rgya mtsho*, Zhol ed., 1897, vols. Tha, Da (= Tohoku No. 5505): 37b4ff.
mtha' dag sdug bsngal las sgrol bar 'dod pa'i **thugs rje** chen po de thams cad mkhyen pa **sgrub** par **byed** pa la dang por sngon du 'gro dgos te | mtha' dag sdug bsngal las sgrol bar 'dod pa'i snying rje chen po med na de'i thabs la slob par mi 'gyur ba'i phyir ro || de lta bu'i **thugs rje** chen po de yang rgyu med dang mi mthun pa'i rgyu la 'byung ba min te | 'gro ba mtha' dag sdug bsngal ba la mi bzod pa'i rnam pa can gyi snying rje skye ba du mar **goms** pas khyad par du gyur pa **las** 'grub pa'i phyir de lta bu'i **thugs rje** chen po de nyid kyang skye ba dpag tu med pa **goms** par byas pa **las** mtha' med du 'phel te | thams cad mkhyen pa'i go 'phang mngon du byas pa na yang 'gro ba mtha' dag skyabs la dus las yol ba mi mnga' ba'i **thugs rje** chen po mthar phyin pa 'grub pa yin no ||
すべてのものを苦から救うことを望む，かの御大悲 (thugs rje chen po) は，一切智者を成立させる要因において，第一に先行することが必要である。即ち，すべてのものを苦から救うことを望む大悲 (snying rje chen po) がないならば，それの手段において，教師 (slob pa) とならないからである。そのような，その御大悲も無因と相違因において生じるものではないのであ

---

[14] 前註 13 参照。

る[15]。即ち，すべての苦しむ有情において耐えないことを相とするが，悲が生じることは，多く数習することによって特殊になることから，成立するが故に，そのような，ほかならぬその御大悲も生じることは，無数（dpag tu med pa）を数習したことから，際限なく，増大するのである。即ち，一切知者の位を実現したとしても，すべての有情救済において，時が過ぎることを持たない究極的な御大悲が成立するのである。

Go rams pa, *baTan bcos tshad ma rnam ’grel gyi rnam par bśad pa Kun tu bzaṅ po’i ’od zer. Sa skya pa’i bka’ ’bum*, Vol. 11, Tokyo, 1969: 74.4.3-5:
dang po ni | de sgrub byed kyang med pa’i phyir || zhes pa mi ’thad de | ’di ltar skye bu tshad ma chos can | khyod kyi sgrub byed yod de | phan btags pa’i lan la sogs pa la ltos pa med par sems can thams cad la snyams par shin tu sdug bsngal dang bral bar ’dod pa’i rnam pa can gyi **thugs rje** de khyod kyi sgrub byed yin pa’i phyir || gnyis pa ni | **thugs rje** de chos can | khyod kyi rgyu yod de | skye ba du mar snying rje’i dmigs rnam **goms** pa **las** khyod skye ba’i phyir |
第一は，「それは能証もないが故に」，というのは正しくない。このように，量である人（skye bu tshad ma）が有法。それ（khyod）〔即ち，量である人〕の能証がある。即ち，返礼（phan btags pa’i lan）等を期待することなしに一切衆生を考えて[16]，完全に（shin tu）苦から離れることを望むことを相

15　前註 13 参照。
16　テキストは snyams par であるが，先のデーヴェーンドラブッディの註釈（前註 12）に従うならば，snyoms par のように訂正すべきかもしれない。

（補註）本章初出新井 2018a 発表後，高崎博士が次のように述べておられることに気づいた。長文となるが引用したい。

> 慈悲とか利他の原点は何処に求められるか。前章までに述べたような、悟り、苦滅を求める教えの中には、救済・慈悲の原理はあまり明瞭には看取されない。総じて、法が説かれ、それに対する智が求められている限りでは、他者に対する悲愍は必然的な要素とはならない。そもそもブッダはその出家にあたって、他者のことが視野にあったであろうか。他者に対する慈愛・悲愍をもし倫理的・道徳的な立場で考えるならば、ブッダは出家によって、敢えてその徳を犯し、

とする，その御悲 (thugs rje) が，それの能証であるが故に。第二は，その御悲が有法。それ (khyod) 〔即ち，御悲〕の因がある。即ち，生が，多く悲 (snying rje) の獲得の相である数習に基づいて，それ〔即ち，御悲〕が生じるが故に。

捨てている。捨てたのが、ただ自己のためときめつけることはできないが、自己の悩みの解決が先ず第一であったと考えざるを得ない。大悲によって出家したと言うのは、後の確立したブッダのイメージからする教義であり、信仰である。（高崎 1988，p. 114）

ここに高崎博士は，仏陀の慈悲に関する批判的な見解を示され，さらに「聖求経」[7]と並行する『律蔵』[18] (b)–(c)の一節を引用し次のように述べておられる。

ここに言葉としては、ようやく、「憐れみによって」として、慈悲があらわれる。梵天の見るところでは、沈黙は無慈悲で、説法が慈悲ということになる。事実、慈悲の原型は、ブッダの説法と行為に求められている。説法が四五年間続いたことを措いて、ブッダの慈悲の表現は見られない。説法自体がブッダの覚他のはたらきとされるのである。仏陀の慈悲を引き出した功は梵天に帰せられている。（高崎 1988，p. 115）

「憐れみによって」，即ち，私の訳では「哀れみをもつものであることによって」という語は，本書で繰り返し論じたように，『四分律』『五分律』等の原始仏典にないことを考えると，説法，特に，最初説法の動機に関して再考を要すると思われる。

なお，「仏陀の慈悲を引き出した功は梵天に帰せられている」という指摘は，本書第３章註25（p. 63）で述べた梵天と慈悲の結びつきに関して示唆を与えるもののように思われる。

第５章　中観派の慈悲観

『根本中頌』*Mūlamadhyamakakārikā* (MMK) 27.30「最終偈」において，著者ナーガールジュナは，仏陀の説法に関して所謂「慈悲」に類する anukampā（憐愍）という表現を用いてその動機を示している。しかし，私見によれば，初期仏教の律文献において仏陀の最初の説法の動機として所謂「慈悲」の要因は認められないため，MMK 27.30 の所説とは相違すると思われる。本論では，まずそれらの相違と問題点を示し，さらにインドとチベットの中観派論師たちの註釈を考察し，彼らが MMK 27.30 において示される仏陀の説法の動機を如何に考えていたのか探りたい。

第１節　MMK 27.30 における仏陀の説法の動機

始めに MMK 27.30 の意義を明らかにするため，問題の所在について説明しよう。

> sarvadṛṣṭiprahāṇāya yaḥ saddharmam adeśayat |
> anukampām upādāya taṃ namasyāmi gautamam || (MMK 27.30)
> gang gi thugs brtse nyer gzung nas || lta ba thams cad spang ba'i phyir ||
> dam pa'i chos ni ston mdzad pa || gau tam de la phyag 'tshal lo ||
> 瞿曇大聖主　憐愍説是法　悉断一切見　我今稽首礼。(T 30.1564: 39b25–26)
> 一切の見を捨てるために，憐愍を取り入れて (anukampām upādāya)，正法を説いたもの，かのガウタマに，私は礼拝する。

私の考えでは，ここでナーガールジュナが anukampā を説法の動機と見なしていることに関して，仏教思想史上，問題が認められると思われる。即ち，このような動機はパーリ文献では kāruññatā という語によって表現されていること，しかも，その kāruññatā という語でさえ，対応漢訳個所には見出されないことである。仏陀の最初の説法の場面を伝える梵天勧請の伝説において，仏陀は「梵天の懇請を知って，また慈悲によって，仏眼によって世間を見た」という記述に基づいて，仏陀は「慈悲」によって法を説いた，と教えられている。しかし，私は，以下に提示する資料に基づいて，この二つの動機の中，「慈悲によって」という要因が仏教理解において自明のものとして認められていることに疑義を呈し，仏陀の最初の説法は慈悲に基づかないと主張したい。これは，仏教開教の出発点を，知性，即ち梵天の懇請への同意と，同情や共感というような情緒，即ち「慈悲」との両者に訴える仏教理解を問い直すことである。

MMK 27.30 の場合，anukampām upādāya という表現によって，anukampā（憐愍）を因（素材）として，以下に示すように，仏陀の，少なくとも最初の説法の動機として仮に取り入れられた「憐愍」というような慈悲に類する概念は，ナーガールジュナによって，仏陀に固有の属性として認められていないのではないか，またそればかりでなく，その用法には「憐愍に執着して」というような何らかの批判的な意図が込められたものではないかと想定するのである。

仏陀の最初の説法が慈悲に基づくとする我が国の学者の主張として，中村元博士のご見解を引用しよう。

> 釈尊が成道後に，梵天のすすめに応じて世の人々のために法を説かれたのは慈悲にもとづくのである（中村 2010, 45）。〔下線＝新井〕

また，高崎直道博士は，釈尊が悟りに至るまで，その心中に他者への思い，他者の利益を顧慮することが全く無いこと，また最初の説法において説いた教えの中に慈悲や利他がないことを指摘するが，最初説法の動機に関して，次のように，「有情に対する悲愍によって」であることを認めておられる。

経典はそこに梵天の要請があって，釈尊がようやく，己れの悟ったこと（法）を人に説く決意をしたといい，それを「有情に対する悲愍によって」(sattākāruññatayā)」とだけ記している（高崎 1992, p. 163）。〔下線＝新井〕

中村博士，高崎博士とも，最初説法の起点を示す動機を「慈悲」，もしくは「悲愍」であると見なしておられるが，両博士ともその典拠としているのはパーリ中部『聖求経』(*Ariyapariyesanasutta*) の次の一節である。パーリ原文と私の訳によって示せば次の通りである。

atha khvāhaṃ bhikkhave brahmuno ca ajjhesanaṃ viditvā sattesu ca kāruññataṃ paṭicca buddhacakkhunā lokaṃ volokesim[1]. (MN I 169,5–7)

比丘たちよ，その時，私は，梵天の懇請を知って (ajjhesanaṃ viditvā)，また，衆生に対して哀れみをもつものであることに縁って (sattesu ... kāruññataṃ paṭicca)，仏眼によって世間を見た。

第２節　仏陀の最初説法は慈悲に基づかない

１．『四分律』における慈悲の動機の欠如

さて，このように「慈悲」は，『聖求経』を典拠として近代の学者によって最初の説法の動機と教えられるが，しかし，私見によれば，『四分律』及び『五分律』による限り，梵天勧請の伝説において仏陀の最初の説法の動機付けを示す場面では，仏陀自身に結び付けられて使用されていないのである。

---

[1] パーリ並行記述は次の通り。*Saṃyuttanikāya* I 138,1–3; *Dīghanikāya* II 38,18–20; *Vinaya* I 6,23–25 [PTS].

> 爾時梵天，復白仏言，世間大敗壊，今如来獲此正法，云何黙然不説，令世間不聞耶。唯願世尊，時演正法流布於世，世間亦有垢薄聰明衆生易度者。能滅不善法成就善法。爾時梵天，説此語已，復説偈言，摩竭雑垢穢　而仏従中生　願開甘露門　為衆生説法。爾時世尊，受梵天勧請已，即以仏眼観察世間衆生。（『四分律』仏陀耶舎，竺仏念訳，410–412年，T 22.1428: 787a12–21）

この『四分律』の記述には，下線部のように「梵天の懇請」の動機だけが認められ，所謂「慈悲」の動機は全く見出されない。即ち，『四分律』を伝承する法蔵部の仏教徒は仏陀の最初の説法の動機を説くに際し，所謂慈悲の動機を認めなかったと見ることができるであろう[2]。

2．『五分律』における慈悲の動機の欠如

同様のことは『五分律』においても認められると思われる。

> 白仏言，惟願世尊，哀愍衆生時為説法。自有衆生能受仏教。若不聞者便当退落。如是三返，復以此義説偈請仏，先此摩竭界　常説雑穢法　願開甘露門　為演純浄義。自我在梵宮　皆見古仏説　惟願今普眼　亦敷法堂教。衆生没憂悩　不離生老死　然多楽善者　願説戦勝法。爾時世尊黙然受之。即以仏眼普観世間。（『五分律』仏駄什，慧厳，竺道生訳，423–424年，T 22.1421: 103c24–104a4）

この『五分律』の引用個所冒頭には「哀愍」という記述が認められる。しかし，ここで何より重要なのは，この「哀愍」が，「梵天の懇請」の中で，

---

[2] なお，『四分律』において *kāruññatā* に相当する漢訳語句によって表される動機が見出されないことは，Schmithausen 2000, p. 120＝齋藤 2002, p. 73 において指摘されている。

他ならぬ梵天自身の言葉として出ている点である。つまり，ここで，この「哀愍」が，仏陀に直接的な連関をもつものとしては説かれていないことは明らかである。この懇請の後，「黙然して之を受けたまえり」と説かれてから，ただ「仏眼をもって普く世間を観じた」と説明されているのであるが，その際，上に掲げた『聖求経』（及び並行パーリ文献）には明示されていた二つの動機，即ち，「梵天の懇請を知って」及び「衆生に対する哀れみをもつものであることに縁って」は示されていない。つまり『五分律』でも，仏陀が世間を観じた動機は，「梵天の懇請」だけであったと考えられる。

３．根本有部における説法の動機

なお，根本有部は，仏陀の最初の説法の動機に関して次のように説いている。*Saṅghabhedavastu* 及び *Catuṣpariṣatsūtra* における記述を確認しよう。

> atha bhagavata etad abhavat: yac cāham svayam eva buddhacakṣuṣā lokaṃ vyavalokayeyem iti. (Saṅghabh 129,28-130,1)〔＝爾時世尊，聞是請已，便作是念，我以仏眼観彼衆生性差別不。（『根本説一切有部毘奈耶破僧事』〔義浄（634–695 帰朝–713）訳）T 24.1450: 126c17–18〕
>
> ≈ atha bhagavata etad abhavad yannv aham svayam eva buddhacakṣuṣā lokaṃ vyavalokayeyaṃ. = de nas bcom ldan ’das ’di snyam du dgongs te | ma la nga nyid kyi sangs rgyas kyi spyan gyis ’jig rten la blta bar byao snyam nas |. (CPS 116)；爾時世尊，受於梵王慇勤勧請已，黙而許之，遂以仏眼，審諦観察世間衆生。（『仏説衆許摩訶帝経』宋･天息災（法賢，?~1000 年）T 3.191: 953a14–15）
>
> その時，世尊にこのような思いが生じた。「私は，正に自ら (svayam eva) 仏眼によって世間を見るであろう。」

この根本有部の見解は，MMK において「憐愍を取り入れて」と説かれたのとは異なり，むしろ，仏陀が世間を見るに至る動機として「正に自ら」という点に力点が置かれて説かれたと考えられるであろう[3]。

以上，インド資料の仏伝における説法の動機を確認したが，次に，プトゥン Bu ston (1290–1364)『仏教史』*Chos 'byung* における記述を確認しよう。

4．プトゥン『仏教史』における説法の動機

ma ga dha 'dir sngon chos ma dag pa ||
dri ma bcas par sems dpa'i smra ba byung ||
de slad thub pa bdud rtsi'i sgo dbye gsol ||
dri med sangs rgyas chos ni nyan cing mchis ||

zhes nan tan du gsol bas bcom ldan 'das kyis ma nges pa'i sems can la gzigs nas |

tshangs pa ma ga dha yi sems can gang ||
rna ba ldan zhing dad dang ldan gyur pa ||
mi 'tshe[4] 'du shes rtag tu chos nyan pa ||
de dag la ni bdud rtsi'i sgo dbye'o || (CB, 68a7–b1)

「以前，マガダおいて，有垢者たちによって考えられた不浄な法が生じた。不死への門を開けてください。離垢者によって悟られた法を聞きます。」(LV 25.21)

と強く懇請するので (gsol bas)，世尊は不定なる衆生を見て，

「梵天よ，マガダの衆生にして，耳を持って，信を持ち，無害を想い，常に法を聞く彼らには不死への門が開かれるであろう。」(LV 25.34)

---

3 これらの問題について，新井 2017 及び 2018〔本書第１章及び第２章〕を参照されたい。

4 CB には tshe とあるが，LV チベット語訳 'tshe (P763, Ku 216a8) に従って訂正して読む。

この下線部の記述では，プトゥンはLV第25章第21偈及び第34偈を引用して梵天勧請の場面に言及するが，そこでは仏陀が衆生を見ることについて,「懇請」のみが説かれ，慈悲の動機は説かれていない点で注目されるであろう。ただし，プトゥンはこれに先立って，LV第25章第7偈a句を引用している。

’jig rten kun la snying rje mtha’ yas nga ‖ (CB, 767,1) [= *karuṇa mama ananta sarvaloke.* LV 25.7a: 393,13]
一切世間に対する私の悲は無限である。

従って，すでにプトゥンにとっては，他のほとんどの仏教徒と同じように仏陀に悲を結びつけることに疑いを持っていなかったであろうから，梵天勧請の場面で仏陀が衆生を見るについて，あらためて慈悲の動機を引き合いに出すまでもなかったのではないかと思われる。

第３節　インド註釈文献の考察

１．『般若灯論』の考察

さて,次にMMKに対するインド註釈文献を考察しよう。バーヴィヴェーカは*Prajñāpradīpa* (PP)『般若灯論』において，’di la bcom ldan ’das thugs rje dam pas spro ba rab tu bskyed pa’i blo gros mnga’ ba | (P5253, Tsha 54a1–2)「この世において，世尊は，最上の憐愍によって (thugs rje dam pas) 喜びを生み出す慧をお持ちである」と述べている。では，MMK 27.30についてどのように註釈しているであろうか。

thugs brtse nyer gzung nas zhes bya ba ni| rnyed pa dang bkur sti la sogs pa’i rgyu’i phyir ma yin pa ste | sangs rgyas bcom ldan ’das ni **dam pa’i chos**

dkon mchog shin tu rmad du byung ba bla na med pa rab tu ston par mdzad pa yin pa'i phyir ro || (PP Tsha 322b4–5)

「anukampām upādāya」というのは，利養 (rnyed pa) と恭敬 (bkur sti) 等の因の故に，ではないのである。何故なら，世尊は，「正法」という未曾有 (shin tu rmad du byung ba) にして無上なる (bla na med pa) 宝を顕示することをなさるからである。

この註釈を見る限り，バーヴィヴェーカは anukampām upādāya を，憐愍の「因の故に (rgyu'i phyir)」と解釈しているようである。

しかるに，この蔵訳の解釈は，『般若灯論釈』〔630 年，波羅頗蜜多羅訳〕の MMK 27.30 の漢訳と同様であることが確認される。

仏為断諸苦　演説微妙法　以憐愍為因　我今礼瞿曇。[MMK 27.30] (T 30.1566: 135b7–8)

ただし，『般若灯論釈』において，この「憐愍」は次のように解釈されている。

『般若灯論釈』T 30.1566: 135b17–19:
如是乗者，以慈悲喜捨為因。不以世間名利為因。

即ち，MMK 27.30 の anukampā を「慈悲喜捨を以て因となし」とする解釈であるが，言うまでもなく「慈悲喜捨」とは四無量もしくは四梵住と呼ばれる禅定の枠組みであるから，anukampā を「慈悲喜捨」によって解釈する仕方は所謂慈悲の観念に関する混用，あるいは混乱が認められると言わざるを得ない。

２．『明句論』の考察

次に，チャンドラキールティの *Prasannapadā* (Pras)『明句論』を考察しよう。

pratītyasamutpādasaṃjñayā hi deśitavān **sarvadṛṣṭiprahāṇā**rthaṃ jagatām **anukampām upādāya** mahākaruṇām evāśritya [a]priyaikaputrādhikatarapremapātrasakalatribhuvanajanaḥ[a] na lābhasatkārapratyupakārādilipsayā, **taṃ namasyāmi** niruttaram advitīyaṃ śāstāram |. (Pras 592,10–593,1)〔[a-a] チベット語訳は欠く。〕

gang gi 'gro ba rnams **thugs brtse** ba **nye** ba**r bzungs nas** te | rnyed pa dang bkur sti bzhed pa dang | lan du phan 'dogs pa bzhed pa ma yin gyi | thugs rje chen po kho na brten nas | **lta ba thams cad spang ba'i phyir** bsnyan par gyur pa | ston pa bla na med pa zla med pa **de la phyag 'tshal lo** || (P5260, 'A, 224a1–2)

実に，「一切の見を捨てる」ために，有情たちに対して，「anukampām upādāya (thugs brtse ba nye bar bzuṅs nas)」〔憐愍に基づいて，あるいは，憐愍の故に〕，〔即ち，〕大悲だけに依拠して (mahākaruṇām evāśritya, thugs rje chen po kho na brten nas)，[a]愛しき一人息子に対するより一層優れた愛の器としてすべての三世界の生類をもち[a]，利養と恭敬と返礼等を得ようとする望みをもたずに，縁起という名によって〔正法を〕説いたもの，「かの」無上にして無二の師に「私は礼拝する」。

ここで anukampām upādāya が，mahākaruṇām evāśritya と註釈されているが，この説明は，チャンドラキールティが，この anukampā を mahākaruṇā にほかならないとし，また upādāya が āśritya であるとしている点で，この語を「因」と解釈する『般若灯論釈』と異なっていないように思われる。とりわけ，upādāya が「依拠して (āśritya)」と説明されることは，anukampā

が「所依」を意味していることを示す点で重要であると思われる。

第４節　チベット註釈文献の考察

1．マチャ・チャンチュップ・ツォンドゥーの解釈

さて，次に MMK に対するチベット註釈文献の中，始めにマチャ・チャンチュップ･ツォンドゥー rMa bya Byang chub brtson 'grus (12c), *dBu ma rtsa ba shes rab kyi 'grel pa 'Thad pa'i rgyan*『論理荘厳』を取り上げよう。

> bsam pa **gang gis** bstan na <u>dmigs pa med pa</u>'i **thugs brtses nye** bar **bzung nas** zhes pa ste | sdug bsngal thams cad kyi rtsa ba dngos por 'dzin pa'i gnyen po rten 'byung ngo bo nyid med par rtog pa yin pa'i phyir ro ‖ (*'Thad pa'i rgyan*, 308,6)
>
> いかなる意欲 (bsam pa) によって説かれたのか〔という〕ならば，<u>無縁</u> (dmigs pa med pa) の「anukampām upādāya」〔憐愍を取り入れて，憐愍に基づいて，あるいは，憐愍の故に〕，というのである。即ち，一切の苦の根本である実体執着の対治 (gnyen po) である縁起を，無自性として理解するものであるからである。

マチャ・チャンチュップ・ツォンドゥーに特徴的な解釈として認められるのは，「憐愍」について所謂「三種縁」，即ち，衆生を対象として起こす慈悲，法を対象として起こす慈悲，無対象の慈悲の「三縁」の中，諸仏にのみ特有のものとされる無対象の慈悲を適用していることである。即ち，『無尽意菩薩問』に基づく，慈悲の大乗的解釈というべきものである[5]。

---

[5] 高崎 1992，pp. 168–170 参照。

２．レンダワの解釈

次に，レンダワ Red mda' ba gzhon nu blo gro (1349–1412), *dBu ma rtsa ba'i 'grel pa 'Thad pa'i snang ba*『論理顕現』の記述を検討しよう。

sangs rgyas bcom ldan 'das **gang gis** rnyed bkur dang phan lan bzhed pa sogs la mi ltos par gdul bya rnams la **thugs brtse bas nye bar bzung nas** sdug bsngal gyi rtsa ba dngos por mngon par zhen pa'i **lta ba thams cad spangs ba'i phyir** ...... (*'Thad pa'i snang ba*, 471,3–4)

仏世尊は，利養，恭敬 (rnyed bkur) と返礼を望むこと (phan lan bzhed pa) 等を期待せずに，所化 (gdul bya) たちに対して，「anukampām upādāya」〔憐愍を取り入れて，憐愍に基づいて，あるいは，憐愍の故に〕，苦の根本である実体執着である「一切の見解を捨てるために」…

レンダワが，ここで「利養，恭敬と返礼を望むことに期待せずに」と述べるのは，チャンドラキールティの所説に従ったものであろうが，ここに anukampām upādāya に対する解釈は示されていない。

３．ツォンカパの解釈

次に，ツォンカパ Tsong kha pa blo bzang grags pa (1357–1419), *dBu ma rtsa ba'i tshig le'ur byas pa shes rab ces bya ba'i rnam bshad Rigs pa'i rgya mtsho*『正理海』の記述を検討しよう。

chos de ston pa'i kun slong ni | rnyed bkur dang lan du phan 'dogs pa bzhed pas ma yin gyi 'gro ba sdug bsngal ba rnams la **thugs brtse** ba chen po nye bar bzung ba'i thugs rje chen po kho na la brten nas so || (RG 563,3–4)

その法を説示した動機 (kun slong) は，利養，恭敬と返礼を望むことによってではなく，苦なる有情たちに対して，大いなる「憐愍」(thugs brtse ba chen po) を取り入れた〔あるいは，憐愍に基づいた〕，御大悲 (thugs rje chen po) だけに依拠して，である。

ツォンカパに認められるのは，チャンドラキールティ，レンダワと同様，「利養，恭敬と返礼を望むことによって」を否定して，「大悲だけに依拠して」であることが強調されていることである。その所説は，大悲を特に強調する点で，チャンドラキールティの所説に従うものであろう。

また，ここで重要なのは，「憐愍」と「大悲」を「動機」(kun slong) として明瞭に記述していることであろう。また，先に，Pras では同じ意義，等価のものとして「憐愍」が「大悲」であると註釈されているのを確認したが，ツォンカパは，同格の意味で属格を用いて，この両者を同じ概念として理解していたと思われる。

4．ソナムセンゲの解釈

次に，『カダム全集』において参照できるようになった MMK の註釈において確認した記述を報告したい[6]。まず，ソナムセンゲ bSod nams seng ge, *dBu ma rtsa ba'i bshad pa srog gi 'khor lo*『生の輪』の記述を検討しよう。

thugs rje chen pos kun nas ...... 'khor ba dang mya ngan las 'das pa gnyis la spang ba dang thob par dmigs pa'i g-yang sa las 'dzin par byed pa || (*Srog gi 'khor lo*, 598,3-4)

---

6 これらの註釈として，ニマタクの作品も挙げられるが，それは正確には Pras の註釈であり，加納和雄博士が指摘する著者問題ともあわせて本書の考察は今後の課題としたい。加納和雄「ゴク・ロデンシェーラプ著『書簡・甘露の滴』—校訂テクストと内容概観—」『高野山大学密教文化研究所紀要』20, pp.162–105 参照。

御大悲は，……輪廻と涅槃の二つにおいて，捨てることと得ることを認識する谷間から捉えるのである。

ここで，……の個所は判読できず，また簡潔な記述であるが，趣旨としては，世俗と最高の真実の間において，いわばそれらの二つをつなぐものとして，「大悲」が捉えられていると一応理解した[7]。

なお，ソナムセンゲは，MMK 27.30 の註釈の最後に (*Srog gi 'khor lo*, 598,5–599,1)，聖者流のナーガールジュナに帰せられる『菩提心釈』*Byang chub sems kyi 'grel pa* (P2665) 第73偈及び第85–88偈〔ただし，86c, 87cd は除く〕(Gi 46b4–7)，さらに続けてチャンドラキールティの『入中論』*Madhyamakāvatāra* (P5261) 第6章末尾第224, 225b, 226偈を引用し自説を権威付けて，「慈悲」を重視，強調する点で，他の註釈者との違いが認められると思われる。

しかるに，ソナムセンゲは，MMK 27.30 を冒頭の「帰敬偈」の個所においても取り上げている。

> 'dir[1] rten cing 'brel bar 'byung ba phyin ci ma log par rtogs pa'i 'bras bu ni rnam pa gnyis yin te | rang don du bud shing zad pa'i me ltar sdug bsngal rgyu dang bcas pa nye bar zhi ba'i mtshan nyid can gyi 'gog pa thob par 'gyur ba yin la | gzhan gyi don du brtse bas rten ciṅ 'brel 'byung ba phyin ci ma log par ston pas smra ba rnams kyi nang nas dam par gyur pa 'byung ba yin te | de nyid kyi phyir | **gang gis thugs brtse nyer bzung nas** || ...... **gou tam de la phyag 'tshal lo** || zhes gsungs so | (*Srog gi 'khor lo*, 405,4–5) [[1] テキストの'der を'dir に訂正して読む。]
>
> ここ〔=『根本中頌』帰敬偈〕において，縁起を無顚倒に理解する果は二通りである。即ち，自らのために (rang don du)，薪が尽きた

[7] 私の問題意識は，所謂慈悲が一体どこから出来するのかという点であったため，本論のような解釈となった。

火のように (bud shing zad pa'i me ltar)，苦因を持つものが，寂滅 (nye bar zhi ba) を相とする滅すること ('gog pa) を獲得するものとなることと，他者のために (gzhan gyi don du)，「憐愍」によって (brtse bas)，縁起を無顛倒に説示することによって説くものたちの中から，最勝者が生まれることである。即ち，正にその故に，「誰であれ，憐愍を取り入れて，〔中略〕かのガウタマに礼拝する」（MMK 27.30）とお説きになったのである。

注目されるのは，「帰敬偈」に関して，「自らのために」「他者のために」という二つの観点から捉えられていることで，「他者のために」という場合，「「憐愍」によって」と具格で示されているように，「憐愍」が，縁起を説示することに向かわせる，いわば「基準」として考えられるようである。

5．シェーラプ・ブムの解釈

次に，シェーラプ・ブム Shes rab 'bum (13c.), *dBu ma rtsa ba'i bshad pa 'Thad pa rnam par nges pa*『論理決択』の記述を検討しよう。

rgyu gang las ce na dmigs med kyi **thugs brtse** bas gdul bya rjes su bzang nas so | (*'Thad pa rnam par nges pa*, 527,1)

何故に，というならば，無縁 (dmigs med) の「憐愍」によって (thugs brtse bas)，所化を饒益して，である。

ここでは，ゴウタマが法を説いたことに関して，それが何故にか，と述べられているが，それが「無縁 (dmigs med) の「憐愍」によって」と言われているのは，マチャ・チャンチュップ・ツォンドゥーと同様である。

6．シャクリントゥンパの解釈

最後に，シャクリントゥンパ Shag ring ston pa, *dBu ma rtsa ba'i ṭikka rnam dpyad snying po*『考察心髄』の記述を考察しよう。

> bsam pa gang gis bstan na **thugs brtse** bas **nye** bar **bzung nas** rnyed pa dang bkur sti dang lan du phan 'dogs pa bzhed pas ma yin no || (*rNam dpyad snying po*, 635,8)
>
> いかなる意欲 (bsam pa) によって説かれたのか，〔という〕ならば，「憐愍を取り入れて」〔あるいは，憐愍に基づいて，憐愍の故に〕〔であり，〕利養と恭敬と返礼を望むことによってではないのである。

ここでは，「利養と恭敬と返礼を望むこと」が否定されている点で，インド以来の註釈に忠実であることは明らかである。

第５節　結論

MMK 27.30 においてナーガールジュナは仏陀は「憐愍を取り入れて」説法したと説く。インドの中観派論師のバーヴィヴェーカとチャンドラキールティは，この MMK 27.30 における仏陀の説法の動機に関して，憐愍を「因として」正法を説いたと註釈する。ただし，この註釈は，もしナーガールジュナが，憐愍を「取り入れて」という意味で説いていたならば，そのナーガールジュナの意図との相違が認められると思われる。

チベットの中観派論師では，レンダワ，ツォンカパ，シャクリントゥンパは，MMK 27.30 における仏陀の説法の動機に関して利養，恭敬，返礼を望まないと註釈しており，インドの中観派論師の註釈に忠実であると思われる。ただし，マチャ・チャンチュップ・ツォンドゥーとシェーラプ・ブムは「憐愍」に関して所謂「三種縁」の一つである「無縁の」という解釈を与えている。ソナムセンゲは「憐愍によって」という具格を用いて，「憐愍」を縁起を説示することに向かわせる基準として解釈しているように思われる。なお，ソナムセンゲは MMK 27.30 の註釈の最後に，聖者流ナーガールジュナに帰せられる『菩提心釈』及びチャンドラキールティの『入中論』を引用し自説を権威付けている点が特徴的である。

インドとチベットの中観派論師たちは，MMK 27.30 を註釈して，仏陀の説法の動機が「憐愍」であると考えていることが確認されるが，しかし，私見によれば，初期仏教の律文献においては仏陀の最初の説法は所謂「慈悲」を動機としないため，初期仏教の律文献と MMK 27.30 の所説には相違，もしくは仏陀の説法の動機として「慈悲」の要因をめぐって歴史的展開が認められると思われる。

〔付記〕発表後の質疑において高橋晃一博士，根本裕史博士より有益なご教示をいただいたことに記して謝意を表したい。また，MMK 27.30 の読解に関して，金沢篤先生より貴重な御意見をいただき訂正し得た。記して謝意を表したい。但し，文責が筆者にあることは言うまでもない。

Nāgārjuna's MMK 27.30 explains that the Buddha preaches the true dharma "*anukampām upādāya*". However, my personal opinion is that broadly speaking the following two problems can be observed regarding this interpretation, from the perspective of the history of Buddhist thought. First, the scholarly doctrine that the Buddha preaches the true dharma "based on compassion" cannot be acknowledged. That is because, at least with regard to the first sermon, the Dharmaguptaka *Vinaya* and Mahīśāsaka *Vinaya* do not include the motivation of "compassion". Therefore, my thought is that the Buddha's first sermon is not based on compassion. Second, "*anukampām upādāya*" should be understood as "having taken in *anukampā*" or "having incorporated *anukampā*". This paper examines this point based on various commentaries from India, as well as commentaries of the MMK from Tibet; that is, the interpretations of MMK 27.30 found in rMa bya Byang chub brtson 'grus's *Thad pa'i rgyan*, Red mda' ba gzhon nu blo gro's *'Thad pa'i snang ba*, and Tsong kha pa blo bzang grags pa's *Rigs pa'i rgya mtsho*. In addition, the interpretations of bSod nams seng ge, Shes rab 'bum, and Shag ring ston pa in the *bKa' gdams gsung 'bum* are also examined.

キーワード：初転法輪，慈悲，憐愍，中観派，MMK 27.30

Keywords: the Buddha's first sermon, compassion, *anukampā*, Mādhyamika, MMK 27.30

初出一覧

第１章「仏陀の最初説法と慈悲」『印度学仏教学研究』第67巻第1号，2018年，pp. 487–482。

第２章「『法華経』と慈悲」

「『法華経』と慈悲」『こころ　在家仏教こころの研究所紀要』第7巻，2014年，pp. 55–68 にもとづいて加筆補訂する。

第３章「『根本中頌』最終偈の解釈」

「『根本中頌』27.30「最終偈」の解釈」『インド論理学研究』第10号，2017年，pp. 167–203 にもとづいて加筆補訂する。

第４章「『量評釈』「量成就章」における悲に関する覚え書き」

「量評釈』「量成就章」第34偈における悲 (karuṇā) に関する覚え書き」『インド論理学研究』第11号，2018年，pp. 33–40 にもとづいて加筆補訂する。

第５章「中観派の慈悲観」

「中観派の慈悲観」『日本西蔵学会々報』第65号，2019年，pp. 23–33。

索　引

索引は次の四部よりなる。A 和漢語, B サンスクリット, パーリ語, C チベット語, D 文献引用個所。

A 和漢語

和漢語撰述文献引用個所の語句の頁数はイタリックで示す。

B サンスクリット，パーリ語

C チベット語

【y】
yang dang yang du　98
【r】
rlabs po che　97
【s】
sangs rgyas kyi mig　90
gsol ba　108

D 文献引用個所

和漢語，サンスクリット・パーリ語，チベット語撰述文献の順に示す。引用文献の範囲を頁数で示し，偈頌番号は太字で示される。

過去現在因果経（T 3.189）
643a13–22　4, 56
五分律（T 22.1421）
103c24–104a4　3–4
103c24–104a9　52–53
根本説一切有部毘奈耶破僧事（T 24.1450）
126c17–18　7, 107
126c17–24　67–68
四分律（T 22.1428）
787a12–21　3
787a12–787b4　55
長阿含経（T 1.1）
8c9–20　47–48, 89–90
正法眼蔵随聞記（道元全，下）
462　10
正法華経（T 9.263）
69b6　28
69c10-12　22
69b16–18　8, 86
69c14-16　23
70b7-9　30
71b19-21　31
72a28-72b1　28
75c12-15　31
76a20-24　24
89b19-20　33
90a9　34
91a1　34
91a13　33
91c18-19　36
92c2　35
増一阿含経（T 2.125）
561a9-12　24

PV$_{Legs}$

7a4-6 100

Byang chub sems kyi 'grel pa

73 115

85–88 115

Rigs pa'i rgya mtsho

563,3–4 113

Srog gi 'khor lo

405,4–5 115

598,3-4 114

598,5–599,1 115

著者紹介

新井　一光（あらい　いっこう）

1974年福島県にて生。駒澤大学大学院人文科学研究科仏教学専攻博士後期課程修了。博士（仏教学）。専攻　仏教学、曹洞宗学。駒澤大学非常勤講師、拓殖大学非常勤講師を経て、現在、曹洞宗総合研究センター宗学研究部門研究員。著書に『ジュニャーナシュリーミトラ研究』（山喜房佛書林、2016年）、論文に「後期唯識思想史の一断面」「『正法眼蔵』「三界唯心」巻に引用される『法華経』「如来寿量品」の経文をめぐって」ほか。

慈　悲　論

2021年4月6日　初版発行

著　者　ⓒ新　井　一　光

発行所　株式会社　山　喜　房　佛　書　林

東京都文京区本郷五丁目二十八番五号
電話03-3811-5361　振替00100-0-1900

ISBN978-4-7963-0294-4　C 3015